好好去感受

別對情緒視而不見！

更有意識地理解自己的感覺，
找回內心真正的平靜

著　里昂・溫德沙依德
Leon Windscheid

譯　彭菲菲

BESSER FÜHLEN：
Eine Reise zur Gelassenheit

旅行地圖

為什麼我們會有感覺？

DIE KARTE ZUR REISE
Warum wir fühlen

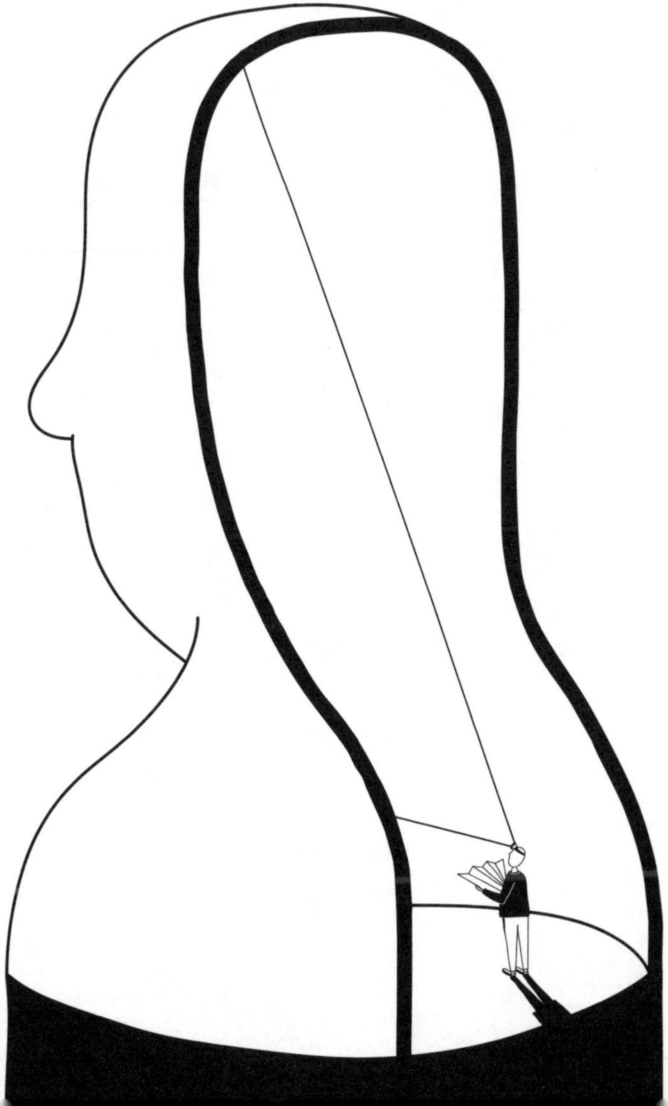

想有明智之舉，僅靠理性是不夠的。

——杜斯妥也夫斯基

我溜滑板車從錄音室回家，遇到第二個紅綠燈時，才意識到自己竟然哭了。那是在弗里德里希斯海因（Friedrichshain）鎮上的一個十字路口，淚水沒來由地從眼眶湧出。那天早上我在 Podcast 訪問了兩個人，各一小時。他們倆在童年時期都遭受到嚴重暴力。

他們的心靈深受創傷，所描述的經歷令人感到痛心。身為心理學家，我要求自己在這種情況下保持冷靜，因為情緒失控是不專業的。所以我秉持著受過的訓練，尤其是在自我控制的部分，保持談話。即便故事教人難以置信，但我還是平靜地提出明確的問題，完成訪談。

我很少哭泣，更遑論在公眾場合。但是當我停在那個路口時，實在忍不住了。我感到震驚、激動以及悲哀，種種一切都從內心爆發出來。起初我對自己的反應完全感到意外，因為我顯然沒有注意到這些談話在我身上觸發了什麼。結束的當下，我的心思已經放在下一個行程，因為訪談已歸入完成事項。直到紅燈讓我放慢了速度，整個情緒才傾洩而出。

為什麼人會有感覺？這個問題可能看似奇怪，因為我們認為有感覺是理所當然的。嬰兒時，當有人對我們微笑，我們就會笑逐顏開；孩童時期，我們會因為第一次上台報告感到緊張；青少年時，我們則因痛苦的相思、逞強裝勇以及困惑尋找自我而情緒起伏。隨著長大成人，某種企圖心往往會被喚醒。然後，當我們沒有達到自我或他人的期望時，往往感到羞恥。我們會因為想要在工作、人際關係以及為人父母等各方面大放異彩而備感壓力。但我們也會對嬰兒車裡朝我們微笑的小臉動容，因為肌膚相親後觸發內心的安全感，或者當老闆稱讚我們的計畫時感到自豪。無論年紀多大、生活在地球的哪個角落、從事什麼職業，我們都會有感覺，理由很簡單：感覺是一種演化的優勢。

人類這個物種已存在三十萬年，我們自詡為智人，即智者，意在表達正是智慧將我們與我們的始祖以及所有其他動物區分開來。的確，尼安德塔人沒有發明腳踏車，海豚不會讀也不會寫，而烏鴉也不會建造吊橋。但真的是智慧讓我們不同嗎？

當西洋棋大師加里・卡斯帕洛夫（Garry Kasparov）於一九九六年首次敗給超級電腦「深藍」（Deep Blue）時，舉世譁然。如今，情況剛好相反。一個聰明的人打敗電腦？那根本難以想像，因為電腦早已不僅在棋賽中擊敗人類。二〇二〇年初，Google 推出了一種人工智慧，在診斷乳腺癌方面表現出色，甚至超越經驗豐富的放射科醫生。[1] 演算法可以將全球數十億美元的金流在幾分之一秒內移轉。而過去我們曾自豪利用方向盤駕馭汽車，現在車載電腦已證明它可以比我們更安全地駕駛。理性思維以及較高的智商已經無法再讓人類獨一無二，因為在這部分，人們已經借助技術超越了自身。

真正讓人類與眾不同的是感知能力。Google 可能診斷得更準確，然而很難想像有一天電腦在告知病人罹患乳腺癌時會感到同情。人類教會汽車「思考」，以便汽車能自動駕駛。然而，就感覺而言，Tesla 的出現反而不比新石器時代牛車出現時來得進步。

人類因為擁有豐富多樣的感知，所以能夠理解周圍的世界，在複雜的社會中與他人共存，並找到自己的定位。無論是坦白自己有外遇、乘坐雲霄飛車、觀看連續劇、剪個新髮型、購入一台平板電腦或是買了片油膩的披薩，都會引發我們感覺。我們有了感覺，才有助於理解自己的經歷。我們甚至在理解數字時也會將情緒參雜其中。二十八加八等於多少？人類和電腦都知道答案。但是三十六代表什麼呢？我們覺得三十六歲是年輕還是老？我們捨得花三十六歐元買一瓶飲料嗎？在火車站等半小時是快還是慢？

我們可以透過感受，實現轉化周圍世界的可能。只有透過感受，我們才能將周圍的事物帶入大腦裡。喜歡、信任、羞恥、厭惡、希望、憂鬱、害羞、嫉妒、耐心或同理心，不是每一種感覺都是我們喜歡感覺到的，但它們都各自有一定的目的。感覺能警告以及激勵我們，是我們社會的潤滑劑，引導我們的注意力並決定我們的行為。它們將經歷銘刻在我們的記憶中，是人際關係、幽默和創造力的基礎，也是我們與人共處的先決條件。感覺就像路標一樣，引導著我們的生命旅程。當我在採訪結束後哭泣時，它就像一個「停車再開」的標誌。我的感覺告訴自己，我過於草率處理所聽到的內容，其實我的大腦還在持續消化。美國影評人羅傑．伊伯特（Roger Ebert）寫道：「你的理智也許會困惑，但你的情感永遠不會欺騙你。」感覺總是真實的，這就是它們如此重要的原因。我們所感覺到的就是我們的現實。

我們仍在努力跟上智慧型機器的步伐。然而我們現在就必須跑得越來越快，滿足越來越高的期望，並且努力發揮越來越多功能。理性、向前邁進、完美無缺！而感覺只會阻礙這種主張。我們所處的能力取向社會，會批評「他沒有控制好自己的情緒」或「她變得過於情緒化」，因為它看重的是抗壓力而非情緒。當我們對人工智慧、大數據、機器人和自駕車的優點感到欣喜若狂時，忽略了對於一個智人真正重要的東西——人性，而那是沒有感覺就不存在的東西。

情緒持續伴著我們，即使是在夢中。否認它們就像逃避自己的影子一樣，毫無意義。然而人們卻竭力壓制、排擠情緒，並試圖透過購物、飲食、自我表現或工作來分散對情緒的注意力。那是會讓人生病的。

我們會怪自己在發表演說前感到緊張；思緒因為壓力和緊張混亂，讓我們無法平靜入睡，生怕錯失些什麼。明明交往狀況不錯，我們卻不斷懷疑愛得是否堅定，並且在情緒低落時責怪自己。這一切完全沒必要！

我們可以學會理解自己的感覺，有很多方法可以幫助我們更輕鬆地面對它們。當我們能欣然接受，而不是壓抑或評斷自己的情緒時，就會釋放出意想不到的力量。最後，我們還能將感覺轉化為強大的力量。我們將會感覺更好。

我們的情感與人類歷史一樣悠久，對其卻一知半解。但幸運的是，這種情況正開始改變。

◆◆◆

你手中的這本書將如地圖般引導你穿越十種截然不同的情感風景。這份地圖凝聚了我作為心理學家所積累的經驗：人類感受的核心究竟是什麼？對我們有何影響？如何善用它們？答案會讓你感到驚奇、著迷，同時也將改變你。從新加坡到波哥大（Bogotá）和多倫多，從洛杉磯和紐約到瓦赫寧根（Wageningen）、波鴻（Bochum）、耶路撒冷和德黑蘭——世界各地都在研究人類的感覺和原因。我在這本書中匯總了最新的腦部掃描實驗、令人驚嘆的實驗結果，還有來自四面八方的當代學者見解。

「你怕什麼？」當我首次停下腳步，與哈佛大學教授傑羅姆・卡根（Jerome

Kagan）一起思考這個問題時，發現從未如此了解過自己。「我們可以永遠保持戀愛的感覺嗎？」人類學家海倫・費雪（Helen Fisher）對一百六十多種文化中的愛進行的研究，開啟了我看待這個問題的全新視野。「為什麼我們寬以待人，嚴以律己？」如果沒有心理學和神經科學教授馬克・利瑞（Mark Leary）的指點，我不會理解以朋友的身分面對自己會是多麼容易。他們毫無保留地與我分享畢生的心血結晶，他們讓我進一步分享他們的智慧與經驗，展示了一些簡單卻能產生巨大影響的技巧和方法。

◆◆◆

每個章節都是冰山的尖端，它在水面下則是由數十項調查、科學討論以及相關經典著作匯集而成。同時，我也將自己的觀點納入本書。當我寫到人們與死亡和哀悼的麻煩關係時，或者談到因為對工作的有毒熱情引發精疲力竭的危險時，它甚至就變得偏向我個人的經驗。

很快你就會發現，我使用了一個非常全面的「感覺」概念作為基礎，其中包括情緒、身體感覺以及看待我們共同生活的方式。這使我們即便面對陌生的領域，還是能夠深入到個人的情感世界。為什麼年紀越大，時間過得越快？憤怒如何能轉化為能量？我們什麼時候感覺會像印度的「Obhimaan」，以及為什麼多一點佛教說的悲心（Tsewa），有助於我們個人的心理？尤其是在探索其他文化中，我發現了那些有時因為缺乏適當詞彙而容易忽視的感覺以及它們所蘊涵的價值。

沿著這張地圖的旅程不僅帶我們環遊世界，也能帶我們回到過去。當孩子迷路時，父母會給他們什麼建議？「回到你來的地方。」一旦我們認識到人類的起源所在，就可以更從容應對二十一世紀的諸多挑戰。了解早期人們是如何描述感覺，得知古代哲學家，如斯多葛學派的塞內卡（Seneca）或波斯思想家杜尼（Duni），在幾世紀前即具備現代科學的洞察力，並用簡單的語言表達出來，都是令人著迷的體會。對新事物的飢渴，讓我們低估了老祖宗智慧的價值。回顧過去往往比展望未來更有幫助。我們從過去學到的東西，至少與來自哈佛或矽谷的見解一樣有用。

每個人的生活和感覺都截然不同。然而，還是有些將我們連繫在一起的共通模式值得認識。以輕鬆的態度處理自己和他人的感受，能夠更好地了解自己並且過上滿足

目次

嬰兒與怪獸

關於恐懼的美好面向

DAS BABY UND DAS MONSTER
Über die guten Seiten der Angst

讓我最感恐懼的是恐懼本身。

——米歇爾・德・蒙田[1]

在科學的範疇中，偉大的時刻有時源自微不足道的細微之事。對於著名的哈佛教授傑羅姆・卡根而言，他的成就始於當年編號十九的嬰孩。一九八九年，研究人員邀請許多母親帶著自己約四個月大的嬰孩到卡根的實驗室進行測試。[2]每個小嬰兒在與母親毫無眼神交流的情況下，被逐一帶進設有影像監控的房間。之後房間裡的擴音器傳出怪聲，然後有人問道：「寶寶，你今天好嗎？」隨即在嬰孩面前掛上旋轉玩具。不過，整個情況好像還不夠詭異，接著實驗助理走進房間，在嬰兒的舌尖上滴一點檸檬汁。實驗完畢，卡根教授將錄下的影片帶回觀察。前面十八捲錄影帶播出的內容大同小異：嬰兒在旁咿啞，十分好奇地觀察周圍發生的事情。但是當卡根播放第十九捲錄影帶時，螢幕上出現的嬰孩，她的反應截然不同。

編號十九的嬰孩是個女嬰，她號啕大哭、手腳亂晃。這個寶寶的反應為什麼跟其他嬰兒不一樣?畢竟她的實驗歷程與其他嬰孩完全一致——聲音、玩具、檸檬汁引發其他嬰孩的好奇,唯獨編號十九明顯感到不安。卡根教授以及研究團隊好奇地逐一評估其他錄下的影片,發現了一種人類恐懼的特殊模式。

我們都知道何謂恐懼。一種既強烈又不舒服的感覺籠罩全身,讓我們心跳加快、胃部收縮以及瞳孔放大。然而,恐懼有時也會低調地偷偷潛入我們的生活,於是我們內心時有不安,感到壓力或是睡得不安穩,長期處於緊繃狀態。當我們心生恐懼時,會變得焦躁不安,而且往往全身上下、從頭到腳都有感覺,只是時強時弱。引發恐懼的誘因不可勝數:有時只是日常生活的一部分,像是在地下室時被蜘蛛嚇到、與主管討論問題或是面臨考試;然則世局也常會引發恐懼,二〇二〇年德國人的首要擔憂就是當時美國總統的政策,其次是物價上漲、歐盟債務危機、經濟惡化、自然災害以及極端氣候。[3]

也就是說恐懼有各種樣貌,可是因為我們常常不會有意識地思考它們,所以無法立即辨識。有些人相信自己早已毫無所懼,有些人認為只有弱者才會被恐懼所擾。但這些想法背後隱藏著一個謬論。恐懼其實常常隱藏在其他諸如憤怒或仇恨等情緒的背後。

恐懼是人類存有（Dasein）的一部分，無論是誰都會不斷地以不同形式體驗到。儘管恐懼是日常的一部分，但卻惡名昭彰，這多少與全球有二．八四億人罹患焦慮相關的疾病有關。[4] 對他們而言，害怕的感覺已經失控成一種病態，包括突如其來的恐慌發作（Panikattacken）、對社交或特定物感到惶恐（例如害怕出入公共場所、懼高、害怕蜘蛛或被他人注意）。尤其普遍的是所謂的廣泛性焦慮症（generalisierte Angststörung）——罹患者迷失在一個接著一個的擔憂當中，幾乎無法正常度日。全球約每三人就有一人在生命的某個階段會受焦慮症折磨。[5] 一旦發生，治療方法通常是錯誤的，因為人們只注意到焦慮症引發的失眠或背痛等相關症狀，但卻忽略了焦慮症本身。結果身體的警告信號被關閉了，病灶則是穩如泰山。尤其是焦慮症如果沒有妥善處理，通常會演變成慢性病。

與其將恐懼視為敵人，不如坦然面對它、理解它，而光是如此即能有所幫助。究竟恐懼是什麼？從何而來？代表什麼？我們以為認識恐懼，卻無法回答上述這些問題。

德文恐懼「Angst」這個字源自古德語「angust」，它的字根與狹窄、壓迫以及束縛有關，而這些也完全描述了我們的感受。人類大腦的各區域會一起發生作用，而杏仁核（Amygdala）則在其中扮演了特殊的角色。這個杏仁大小的腺體是邊緣系統（das limbische System）的一部分，平行分置在左右顳葉中。如果人們破壞猴子大腦的這個區域，牠對於通常會引發恐懼的刺激就不會產生任何反應。[6] 猴子在沒有杏仁核的情況下，即使將毒蛇放入牠的籠子裡，也依然泰然自若。

杏仁核會評估外部的訊息，而主要的功能則像個情緒增強器。這個大腦的警報系統會對外部刺激做出反應，稍後，當我們再次聚焦十九號寶寶時，將會談論到這一點。有研究表示，某些刺激特別容易引發我們內心的恐懼。根據二〇一七年的一項研究顯示，六個月大的嬰兒在看到蜘蛛或蛇時就會表現出不安。[7] 從演化生物學的角度來看，這種反應十分明智，因為有毒動物曾對我們的祖先構成嚴重威脅。儘管在高緯度的生活環境早就幾乎沒有任何有毒動物，同時嬰兒無須也不應該會對蛇感到害怕，然而至今我們仍對其心存戒懼。

經歷、文化以及教育也會影響我們害怕的對象。這表示，恐懼是可以養成的！如此一來，原屬中性甚至是有益的刺激會因為極度負面的經歷而引發焦慮。任何曾被迫忍受牙科治療的人，都可能會對再次看牙醫感到焦慮。在戰亂環境中成長的個體應對突發爆炸的方式，與生活在太平環境中的人截然不同。每個人會因為自己的成長歷程，對截然不同的刺激產生恐懼。這清楚表明，這種感覺是多麼因人而異。

一旦警報系統被刺激觸發，它就會在幾毫秒內啟動一個強大流程，同時從三個不同層面影響我們。首先，身體會產生反應：血壓升高、呼吸又淺又急促，以及消化功能停止，因為全身上下的能量都必須為生存做準備。肌肉因恐懼變得緊繃，有時甚至會怕到全身發抖，不同類型的恐懼讓我們的臉色變得蒼白或鮮紅。其次，恐懼會蒙蔽我們的思想。我們的注意力會集中在威脅上，進而忽略其他的一切。最後，恐懼會決定我們的行為。蓄勢待發的能量必須要有釋放之處，而恐懼決定了方向。我們的反應可能是對抗或逃跑，也就是說，用攻擊或撤退來自衛。但是還有第三種經常被忽視的選項，就是靜止不動，像是嚇呆了。我們因恐懼而癱瘓，嚴重時甚至會昏倒。就像走投無路的兔子會裝死，我們人類也會因為恐懼而全身僵硬。從演化的角度來看，這是一個不錯的策略，因為許多掠食動物主要是對會移動的物體做出反應。

恐懼是一種古老的機制，目的是保護我們。如果我們回到三百萬年前的非洲草原，這個理由就會變得淺顯易懂。試想當我們走在草叢堆時，身旁灌木叢突然傳出沙沙聲響。此時有兩種可能：一是大腦發出警報，因為它將沙沙聲這個刺激升級成危險；二是警報系統保持沉默，我們也沒反應。如果是無害的陣風吹出沙沙聲，那麼我們因為恐懼而有的逃跑反應，遂成了單純的能量浪費，消耗了寶貴的能量。相反的，當掠食者已經張牙舞爪，我們還天真地以為只是風發出的聲響時，那就表示一切為時已晚。如果沒有恐懼，我們的祖先可能在遺傳他們的基因前就被吃掉了，而人類也早已滅絕。

因此，恐懼天生根植在智人的基因中。這就是為什麼我們大腦的原則還是：不怕一萬，就怕萬一。心理學將此稱為消極偏見（Negativitätsfehler）。[8]在一個沒有危險動物會從灌木叢中跳出的世界裡，「演化」為我們提供的保命大禮成了一個問題。因為我們的大腦在遇到有疑慮的狀況時，會毫無根據地「傾向」恐懼的方向解釋。於是我們坐飛機時會不安、上台演講前或靠在陽台的欄杆時會惶恐，可是過馬路時卻毫不猶豫。因為我們的大腦並不關心在馬路上被車撞的機率遠大於遇到空難、或是在講台上因緊張而心肌梗塞驟逝，抑或是從摩天大樓墜落。

這情形放到更大的情境下就變得更加荒謬。大腦對於恐懼的最糟糕誤解可能是有關恐怖攻擊，因為憂心恐怖攻擊，整個社會越來越願意用不信任、監視器以及渴望大量數據的情報單位凌駕自身的自由。事實是，二〇一六年全球因恐怖攻擊而死亡的人數為三萬四千八百七十一人，[9] 其中大部分是在戰亂地區。然而同一年卻有一千七百九十萬人死於心血管疾病。[10] 世界衛生組織認為，主要的肇因是攝取含過量脂肪和糖的食品導致超重。若說麥當勞對我們西方世界形成的威脅遠大於伊斯蘭國好幾倍也不為過。晚間新聞可以定期報導這些統計數據，只是「恐懼」並不在意數字。當電視台毫不在意地播放大麥克和巧克力榛果醬廣告的同時，我們的大腦將恐怖主義解釋為令人畏懼之事。有三件事會讓人們無論危害的實際程度為何，依然感到害怕，那就是未知、無法控制及非比尋常。所有這些條件都適用於恐怖主義，但不適合大麥克。

令人驚訝的是，有些我們的恐懼竟然擁有如此快速的適應能力。一種我們不認識的病毒，遠遠超出我們的控制範圍，而且是如此地不尋常，就這樣登上每日頭條新聞，引發莫大恐慌。起先我們願意採取各種保護自己免受這種病毒侵害的措施，但是隨著時間的推移，當我們適應了這樣的狀況時，恐懼就會被撫平。嚴重特殊傳染性肺炎（COVID-19）爆發不久後，根據在德國、美國和英國所做的調查顯示，大約三分之二的民眾對這個病毒感到十分憂慮。[11]在接下來的幾週，儘管危機尚未解除，而且全球疫情更趨惡化，而非好轉，但是民眾的憂慮程度明顯趨緩。

然而對於當前的真正危機，例如氣候變遷造成的災難、多重抗藥性病菌、速食、海洋污染或是病毒的指數型傳播等，我們的大腦卻都很難理解。因為這些都比隱藏在灌木叢中的毒蛇猛獸來得抽象，而且即使我們因此感到懼怕，也難以依靠個人搏鬥、逃離或是僵住不動的方式脫險。古老的恐懼模式在此無用武之地。

即便我們在面對一些非常個人的恐懼時，也有一樣的問題。一方面擔心過度親密的關係，另一方面又憂慮被拋棄或他日孤獨終老。在這情形下如何脫離？與誰搏鬥？屏氣斂息有用嗎？我們不想錯失任何東西，甚至為這種恐懼命名為錯失恐懼（FOMO，the fear of missing out）——實際上我們是害怕不得不獨處。當我們做得比別人少時，會感到羞恥，所以就讓自己忙碌，不放慢腳步。於是我們就像滾輪上的倉鼠不停地跑，因為從裡頭看起來，滾輪就像職場上的階梯，我們害怕無法滿足自己以及他人對自我的要求，無論如何都要往上爬。一旦在職涯中邁出了下一步，還得擔憂自己不夠好，怕被別人揭穿自己名不符實，種種念頭讓自己終日憂心忡忡，游移在害怕不夠好以及害怕失敗之間。還有，多少人是出於害怕真實的自己不被喜歡而躲在面具之下呢？對外故作堅強展現自信，只是因為害怕他人發現自己內心的恐懼。

乍看之下，恐懼是現今社會的破壞力量，是許多痛苦的源頭。但這只對了一半，因為恐懼還隱藏了重大的價值。一旦了解大自然賦予我們什麼，同時學會與之共處，恐懼就會變得十分有幫助。從十九號寶寶的後續故事中，可以進一步驗證這個說法。

卡根教授和他的團隊繼續對數百名嬰兒進行前文描述的實驗，發現大約有百分之二十的嬰孩與十九號寶寶有相同的反應，[12]卡根將他們歸類為「高反應者」（High Reactives）；而百分之四十嬰兒的反應則完全相反——對傳自喇叭的聲音或其他刺激幾乎無動於衷，被歸類成「低反應者」（Low Reactives），其餘嬰兒則無顯著能明確分配至任何一組的反應。卡根的發現引起轟動，因為幾十年來，科學界一直激烈爭論著，究竟人類生來是像白紙一張，然後由環境形塑，還是生來就具有某種模式。

卡根能夠證明，嬰兒在四個月大時即對恐懼的反應迥異。在他們才剛展開的生命裡，環境還無法產生太大影響。卡根發現了恐懼的氣質（Temperament）——與生俱來被未知事物驚嚇的傾向，[13]他也因為這個發現成為二十世紀最重要的心理學家之一。當這位有點招風耳、額頭滿是皺紋、有著一對棕色明亮雙眼的教授接受我的採訪邀請時，我真的感到十分榮幸。我想知道十九號嬰兒以及其他寶寶後來的境遇。

「我們持續追蹤這些孩子直到他們十八歲。」這位當時九十一歲的長者這麼告訴我。在這過程中，很早就出現了一種模式。[14]當他們四歲時，「高反應者」在行為上表現出壓抑以及謹慎的機率是「低反應者」的四倍。到八歲時，幾乎有一半的「高反應者」會出現焦慮症狀，例如在學校裡顯得害羞或是會害怕黑暗。而這樣的情形只會發生在百分之十五的「低反應者」身上。事實證明，嬰孩在四個月大時確認的氣質也非常一致：截至十一歲時，只有百分之五的孩童變得相反。

然而，這兩組的差異不僅表現在行為方面。二〇〇七年，當這些嬰孩長大成人時，哈佛大學的精神病學家卡爾．施瓦茨（Carl Schwartz）為其中七十六人進行腦部斷層掃描檢查，其中也包含十九號寶寶。[15]人們馬上注意到她的杏仁核與其他平均「低反應」的年輕女性相比，顯得特別活躍。這也證實了施瓦茨在調查前幾年獲得的另一個類似研究結果：高反應的兒童成年之後，他們的杏仁核就像一個非常敏感的警報器一樣，只要有些微的火花就會引發警報。[16]

不僅如此，甚至大腦的結構也顯現差異。「高反應者」的左眶額皮質（orbitofrontale Kortex）——一個有助於平撫不舒服感覺的部位，相對較薄。[17] 這裡缺乏有效的連接。研究顯示「高反應」的成年人也明顯常有緊張、焦慮以及不滿想法。卡根的研究有多麼重要，現在已變得十分清晰。我們可以根據一個四個月大嬰兒的行為，以驚人的精確度預測他長大後是否會變成比較容易焦慮的人。

◆◆◆

人們往往將恐懼視為一種需要克服的負面力量。孩子們會被鼓勵要挺身向前，充滿自信。我們要有勇氣！恐懼代表懦弱，是不見容於一個期待表現以及成功的社會，這種不舒服的感覺不符合人們努力追求幸福以獲得充實生活的觀念。我們想要感覺良好，而非糟透了，所以我們必須竭盡全力克服恐懼。自我成長書籍、人生導師以及各式部落格建議如何「戰勝恐懼」，承諾無畏恐懼者能享有更好的人生。卡根十分確信，如果父母有機會選擇的話，世界上就幾乎不會出現「高反應」的孩子，因為恐懼被視為不好的事物。

然而如此想的人，忽略了恐懼的好的一面。教授告訴我，有焦慮氣質的人比較謹慎，這代表他們很少會貪贓枉法，他們通常行車駕駛比較小心，而且比較不會去觸碰毒品。我們身處高科技世界裡，遇到複雜問題時需要的是謹慎以及深思熟慮，而非一味往前衝。社會永遠都需要這兩種人。如果沒有「高反應者」負責地面控制，阿姆斯壯永遠不可能登上月球。卡根對此深信不疑。

雖然恐懼是一種令人感覺不好的情緒，但它本身並不是個壞東西。我們將會在這段旅程中，一次又一次發覺，大自然賦予我們不愉快的感覺，並非為了從中阻礙我們，反而是要幫助我們。即便我們在孩子出生後，就能知道他是否為高反應者，那也非至關重要。因為恐懼對我們的影響，有很大程度取決於如何與它相處。

「當十九號寶寶開始上學後，她的行為有了轉變。」卡根告訴我。小女孩從七歲那年開始克服自己的害羞，徐緩卻堅定。「如果你有機會在她十七歲時請她吃午餐，你絕對想不到她是一個『高敏感反應者』。」他回憶道。「你猜猜她大學畢業後的第一份工作是什麼？」教授問我，而且顯然很開心能吊我胃口。「她從哈佛畢業後，去了華爾街上班。一個可以想像有多艱難的工作。」

卡根的終生成就來自於兩項發現：一九八九年他提出證明，人類從一出生就具有不同程度的恐懼傾向，所以我們人生的路徑似乎已經有了預設。然而多年後他也發現，即使是像十九號嬰孩如此容易害怕的人，也可以學會如何有建設性地處理自身的恐懼。可是該如何做？從何下手呢？

卡根回憶說，十九號寶寶的幸運，在於她沒有一對直升機父母。父母對子女過度保護通常是源於自身的恐懼，而且他們會將這種感覺傳遞給孩子。「別爬那麼高，你會摔下來！」當直升機父母將後代捧在手心呵護時，他們會養出一個本就不該存在的恐慌怪物。更糟糕的是冰壺（Curling）父母，這個來自丹麥的術語描述父親和母親將孩子面前所有可以想像的障礙，如掃冰壺般除去。

當父母向孩子傳遞恐懼有多可怕，進而排除任何可能引發恐懼的事物時，他們同時也剝奪孩子發展健康方法處理恐懼的機會。十九號寶寶的情形則不一樣。「她的父母鼓勵她克服恐懼。」卡根說。關鍵就在這裡，無論我們年紀多大。

焦慮症患者在接受治療中學的第一件事，對我們所有人都有幫助。恐懼讓人感到不舒服，所以我們害怕它，這種「對恐懼的恐懼」正是我們該克服的。恐懼從來都不是疾病，只有當你錯誤處理它時，才會出現問題。個人的觀點在感覺世界中的分量往往被低估。

威斯康辛大學（University of Wisconsin）曾在二〇一二年發表了一項研究報告，他們調查了兩萬九千人的壓力有多大，以及這些人是否擔心壓力有損個人健康。[18]當中回覆有高度壓力者，其過早死亡的風險增加了百分之四十三。壓力會使人生病，然而，這兩者的關係只適用於對此命題深信不疑者。對於那些承受過很大壓力，但同時不畏懼所謂後果的人，他們的平均壽命與沒有壓力者一樣長。由此可以推斷，我們對感覺的評估決定了我們處理恐懼的方式。如果我們認為恐懼對我們有害，那麼它就有害；如果認為無害，則甚至能幫助我們。

大多數人，當他們在發表重要演說或是參加考試前感到緊張時，通常會試著讓自己冷靜下來，因為他們認為在這種時刻恐懼只是徒增困擾。哈佛商學院教授艾莉森・布魯克斯（Alison Brooks）在一項三百人的調查中，詢問他們對於畏懼挑戰者會提供何種建議。[19]百分之八十五的受訪者表示會建議他人放鬆心情，「冷靜！」在一個恐懼被視為怪物的世界裡，沒有人會願意將怪物帶到講台上或考場裡。然而這種觀點是可以被修正的。正如布魯克斯在其他一系列實驗裡所證明的那樣，效果十分驚人。[20]

測試者必須在一群人面前高唱〈不要停止相信〉（Don't Stop Believin'）這首歌，這是一個會引發許多人感到焦躁不安的情境。研究人員先將測試對象隨機分成兩組，一組測試者要對自己說「我很擔心」，而另一組則說「我好興奮」。光是對這剛湧現的感覺貼上不同的標籤就產生了明顯的效果。根據電腦偵測，「興奮組」明顯唱得比「緊張組」好，而且唱到「on-and-on-and-on-and-on」時，也比較順暢。相同的結果也發生在語言測試上。根據影片分析顯示，那些被要求自認「興奮」的人比那些感到「擔心」者說起話來更具說服力且更加自信。即便是數學測試，布魯克斯也發現了類似的模式。關鍵是「興奮組」表達的焦慮程度與「擔心組」一樣，還有他們的心跳也一致。因此，兩組其實都感到焦慮，只是「興奮組」將他們的感受解釋成推動的動力。

「刺激與反應之間存在一個空間。在這個空間裡，我們有能力選擇自己的反應。個人之後的發展以及自由取決於自己的反應。」維克多．弗蘭克（Viktor Frankl）如此寫道，他是一位精神學家，同時也是集中營倖存者。當一個刺激引發我們心生恐懼時，我們可以影響自己如何反應。了解自己的感受並有所質疑，就有所幫助。

我們之所以相信自己的感覺，是因為我們可以感覺到它們。但它們並不總是適時出現，而且不修正，就常會有不恰當的反應。當我們感到恐懼時，表示我們自認處於危險之中，但我們真的身處險境嗎？如果演講時忘詞，會如何？又或者如果沒有通過測試，會如何呢？這兩種狀況都很惱人，那是肯定的，但沒道理要對這種「危險」感到惶恐，就連心跳加速或是冒冷汗都顯得多餘。當我們將對考試的惶恐當作是興奮而非恐懼時，可以從中獲得力量。雖然恐懼束縛了我們，讓我們感到不舒服，但它也讓我們變得敏銳。就像照相機上的鏡頭一樣，讓我們能對準焦點。如果太驚慌，我們在講台上連說句話都有問題；然而若無一絲怯場，又哪來能量與野心？我們不會全力以赴，因為缺乏如此做的力量以及動機。當我們了解「恐懼」實際上是在提供能量克服挑戰時，就更容易將其理解為正面刺激並從中汲取力量。

在這忙碌的生活以及快節奏的時代，當恐懼感上升時，是值得仔細觀察的。因為恐懼想藉由轉移注意力來保護我們，我們可以學習如乘風破浪般接受恐懼帶來的能量。只有害怕恐懼，才會將恐懼變成怪物；反之，只要對其張開雙臂接受，即使令人難受，也不會有被其淹沒的時刻。這就是十九號寶寶從中領悟到的。

不過，我們的恐懼並不總是像面臨考試前那麼地具體，往往正是未知讓我們感到不安。我們不會感到具體的恐懼，而是充滿了擔憂。在某種程度上，擔憂是恐懼的前兆，只是它不會讓我們冒冷汗，但會在我們腦中徘徊，讓人難以捉摸。晚年會變窮嗎？我是一個好媽媽、好爸爸嗎？如果父母生病了，我該怎麼辦？我的工作安穩嗎？人們無時無刻不在擔心，尤其是年輕人。[21]夜深人靜時，當我們因為擔憂而難以入睡，或是因而從睡夢中驚醒，我們會想大叫「停！」。擔憂會偷走我們的時間，消耗我們的精力，並將我們的視線蒙上陰影。為什麼腦袋裡像是有個旋轉木馬轉個不停？答案會將我們帶回所謂「真正」的恐懼。

人們擔心，是為了「保護」自己免於更大的恐懼。當我們擔憂時，心思已經飛到未來。哪些事情會出差錯？當我們開始思考時，會讓自己感覺有在做些什麼。「至少我有未雨綢繆！」這念頭通常會不自覺閃現，卻能帶給我們一種因為有所準備所以一切都在掌控中的安全感。「假使事情有個萬一，我不會那麼害怕，因為我已經做了最壞的打算。」這在事發當下具有安撫功能，可是一旦變成一種基本態度時，則變得危險。賓州大學的金漢柱教授（Hanjoo Kim）告訴我有一項新研究，可展現這種關係。[22]二〇一九年他做了一個實驗，一群長期處在各式憂慮狀態的人接受放鬆訓練，結果發現這個短暫擺脫憂慮的放鬆實驗，會導致焦慮急劇增加。放鬆心情引發這些人感到恐慌，這聽起來很詭異，但從心理學的角度而言是有道理的。因為擔憂可以讓我們麻痺恐懼感。在持續的正襟危坐狀態，我們沒有絲毫放鬆的時刻，我們會覺得自己一切就緒，也就與實際導致擔憂的真正的恐懼保持了距離。

過去幾十年的治療研究顯示，直接面對恐懼其實可以平息恐懼。「懼高症」患者會在治療中被「強迫」走到高樓屋頂的欄杆旁，

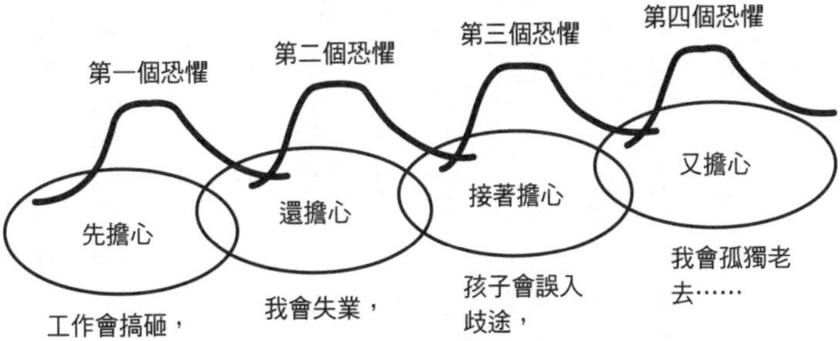

為什麼我們喜歡不斷擔憂？ 23

人們常常不自覺的寧願擔心這擔心那，也不願面對背後的真實恐懼為何。因此，每當恐懼感快上升到最頂峰前，我們就會迅速轉移到下一個擔憂，只因為害怕面對恐懼。

恐懼會因此達到最高峰，而我們在生理上無法永遠維持在這種真實恐懼的極端狀態下。無論是否罹患焦慮症，焦慮在我們的經歷過程中逐漸減少。卡根教授相信，焦慮並非一般常態，會因觸發因素而異，因此值得探究是什麼原因導致我們恐懼。一旦我們認清這一點，就可以面對恐懼。

雖然直接面對恐懼需要勇氣，但這是管理恐懼最有效的方法之一。道理是，如果我們可以學會恐懼，那也可以「忘了」恐懼。就我們的憂慮而言，這意味著我們必須將它們轉化為具體的恐懼，以便從中解脫。只有如此，才有可能好好面對這些恐懼，從而應對。這是德國波鴻大學（Ruhr-Universität Bochum）尤根・馬格拉夫（Jürgen Margraf）教授的建議，他長年致力研究治療恐懼的方法。如果我們擔心晚年會變得貧困，就好好想像在療養院中身無分文和孤獨死去的模樣，而且要盡可能形象化、盡可能具體、盡可能悲慘，那麼內心就會由衷恐懼。如果我們不馬上停止，而是持續用心感受那股恐懼，它就會逐漸平息，不斷盤旋在腦中的憂慮也會停止。[24]我們的大腦別無選擇！

當恐懼出乎意料之外，例如當我們得知所愛的人罹患重病或是可能會被解僱時，我們毫無心理準備。在這種情況下，可以借助有幾千年歷史的「自我覺察」（Achtsamkeit）技巧。今日，如果你像其他數百萬人一樣在 Google 上搜尋「自我覺察」一詞，會看到很多網站提供各式練習，舉凡冥想、吐納呼吸、有意識的飲食等都只是小部分的典型方法。我個人已經嘗試了其中的一些，比如將呼吸分成幾秒鐘、十分緩慢地咀嚼葡萄乾、有意識地體察味道。乍看之下，可能不解為何自我覺察有助於應對恐懼。但是這些年來，以自我覺察為基礎的療法受到各式研究的嚴格審視，獲得的結論是它真的有用。例如自我覺察大幅減輕乳癌患者接受診斷時的心理壓力，保護憂鬱症患者免於復發，並幫助兒童應對心理問題。[25] 現今也有大量數據證明，自我覺察在處理恐懼問題也十分有效。[26]

自我覺察的目的在於有意識地將注意力集中在當下的體驗，而不進行評斷。這代表體驗恐懼，而不害怕恐懼。我們不一定要被迫放鬆，而是實在地感受恐懼，即便那會使人不舒服。有一種可以融入日常生活的簡易方式，只要閉上眼睛即可。如果你花三到五分鐘讓所有想法、憂慮和恐懼出現在腦海，不去改變它們，更重要的是，不要評斷它們，如此就能與它們保持一個距離。這就好像從附近山丘上遠眺高速公路上的汽車，而不是站在馬路中間的分隔島上，飽受噪音。從遠處審視自己的情感世界，通常會自動變得平靜清晰。

或許在處理恐懼時，要法之一是靜下來，有更多的自我覺察。並不一定需要進行複雜的冥想或是高強度的瑜伽練習。如果我們能設法在忙碌的日常生活中偶爾暫停片刻（尤其是同時發生很多事情的時候）——深呼吸，並感受呼吸，將思緒從遙遠的地方帶回當下。如此少了助長憂慮的風，也可以在此時此地更從容地應對恐懼。自我覺察與抗焦慮藥物剛好相反，它是有意識地感受而非壓抑。這可能在開始時尤其不舒服，但從長遠來看，它有助於讓自己的恐懼有意識地出現，也令其逝去。

恐懼不是要被打敗的怪物，它是我們情感世界中的寶貴的一部分。如果我們以開放而非懷有敵意的態度面對它，就會認識到它更深層的意義，並且將它轉換成個人的能量，或者以更平靜的態度正面迎接，因為我們已經明白恐懼其實是要給我們最好的。

大約兩千年前，羅馬的斯多葛學者，同時也是自然科學家，塞內卡曾說：「壞事是有發生的機會；但也不是立即發生。意外如此之多！未曾實現的期盼也多！如果真有壞事將發生，急著陷入痛苦裡有何幫助？遲早就會感覺到，不如趁現在想些好事。」

當我告別卡根教授時，我請教他最大的恐懼是什麼。「我害怕死前必須經歷很長一段時間的苦痛，因為我正處在瀕臨死亡的最後日子。」像他這樣比任何人都更認識和理解恐懼的人，會如何應對呢？「我會思考自己的恐懼，然後告訴自己無從影響，然後就把擔憂扔到一旁，繼續在原有的道路前進。」走自己的路。不是沒有恐懼，而是以平靜的態度接受它，這就是卡根教授從十九號嬰兒身上所學到的。

蝴蝶歸來

愛到至死方休

DIE RÜCKKEHR DER SCHMETTERLINGE

Verliebt sein bis zum letzten Tag

愛情永遠不會自然死亡。
它會死，是因為我們沒有阻止它的源頭枯竭。

——阿內絲・尼恩（Anaïs Nin）

卡皮拉諾峽谷（Capilano Canyon）位於加拿大英屬哥倫比亞省，是健行愛好者的天堂。高聳的松樹樹梢隨風搖曳，河流蜿蜒穿過令人嘆為觀止的岩石景觀。這片幾乎未受干擾的田野風光，只有一條森林小徑以及兩座非常不一樣的橋。一座橋是用原木建造，短而堅固，還加設高高的欄杆；另一座橋則是懸掛在七十公尺高的鋼索橋，長度超過一百四十公尺，自由搖擺在峽谷上，吊橋很窄，而且只有一個低扶手能防止跌落。希望在長期關係中維持幸福的人都應該知道，一九七四年加拿大的心理學教授亞瑟・艾倫（Arthur Aron）和唐納德・達頓（Donald Dutton）正是在這兩座橋上解開了戀愛的秘密。

他們當時預先安排一名年輕貌美的女性站在短而堅固的木橋上。[1] 這名女性邀請每一位經過的男子填答一份問卷，當受訪者填完問卷後，女子會告知對方自己的名字為唐娜，並在一張紙上寫下電話號碼，以便「如果事後還有任何疑問的話」可以連繫。算是低調的邀請。

接著同一名女性站在搖晃的吊橋上，並將自己的電話號碼給了所有男性受訪者，不過這一次她自稱葛洛麗亞。

不久之後，英屬哥倫比亞大學的電話響了。因為這位美女給的是研究人員的電話號碼，而非自己的。一點都不知情的來電者表示想找葛洛麗亞或唐娜時，也就表明他們走的是兩座橋中的哪一座。兩邊數字迅速出現明顯落差。只有大約十分之一走短橋的男性受訪者打了電話；而每兩位走過搖擺吊橋者，就有一位受到吸引，決定進一步連繫女子。顯然在不同情況下，同一名女性對男人造成極為不同的影響。我們很快就會明白個中道理，以及從這個實驗中汲取知識，以應用在個人關係上。但在此之前，我們必須先明白戀愛的構成基礎。

莎士比亞說：「愛不會隨物換星移改變，它的力量至死方休。」多麼浪漫的想法：一旦墜入愛河，愛的強大力量足以讓人到時間盡頭還能感受到。同時，這是多麼高的標準，因為冰冷的統計數字顯示生活不是一首情詩：當今歐洲社會，幾乎每兩對夫妻即有一對以離婚告終。假定大多數人都是因愛而誓言相守，愛的力量似乎在死亡將他們分開之前就已減弱。而無論有無結婚誓言，原先蘊藏在浪漫愛情開端時的企盼、慾望與魔力，難道最終不會被日常生活的一成不變與熟悉取代嗎？當兩個人第一次一起看夕陽時，肚子裡的蝴蝶拍打翅膀的興奮程度不是比多年後的第一百個傍晚來得更強烈嗎？❶許多人認為，熱戀終會消逝是件再正常不過的事情，而且如果一切順利，它會被深厚、充滿信任且宛如夥伴關係的愛所取代。或許，許多關係真的都是如此發展而來。但是，如果我們想長相廝守，蝴蝶一定會消失嗎？難道不能保有最初幾小時或幾週時那種純真、悸動的戀愛感覺嗎？甚至是至死方休。

從荷爾蒙的角度來看，有一些反證。如果一個剛墜入愛河的人接受核磁共振檢查，腦部掃描的螢幕上，腦幹上方立即會呈現一小塊紅色區域。在這塊腹側被蓋區（VTA），座落了一個小型卻高效率的多巴胺製造工廠，上工的鐘聲會被丘比特之箭擊響。當我們被箭射中時，工廠就改成兩班制趕工，讓我們的獎勵系統充滿大量的多巴胺。[2]許多跡象顯示，多巴胺對於戀愛時抑制不住的興趣、強烈的慾望、持續的喜悅以及滿溢的欣快感扮演不可或缺的角色。如果我們是一架飛機，那麼充滿多巴胺的引擎可以將我們推上雲霄。這種說法據說可以追溯到亞里斯多德，他將天空劃分為七個區域，其中第七層為最高的一層。十分貼切，當我們戀愛時，我們真的非常「high」。墜入愛河時飄飄然的感覺，與古柯鹼或酒精對我們的影響並無多大的差異。而被雌蠅拒絕的雄性果蠅，可能出於沮喪，會比其他未被拒絕的同類吸取四倍以上的酒精。[3] 相同的獎勵系統，只是激發方式各有不同。戀愛使迷幻藥顯得多餘。

除了多巴胺之外，丘比特之箭還會觸發製造皮質醇，[4] 這是一種壓力荷爾蒙。我們對於和喜愛的人一起共賞夕陽，感到亢奮與不安，因為我們幾乎無法相信自己多麼地幸運，而且無論如何都不願失去。皮質醇在此提供我們數不勝數的資源，我們可以因此連續幾天保持清醒，可以把樹木連根拔起，還可以不吃任何東西。我們單憑空氣和愛活著。

---

❶ 譯注：德文的「肚子裡有蝴蝶飛舞」，類似中文的心裡小鹿亂撞。

然而，如同我們對恐懼的認識，人類不是被設計用來長時間停留在情感世界的極端狀態。特別強烈的感受是被設計用以短距離衝刺，而不是馬拉松。既「high」壓力又大——從健康的角度而言，盡快回到地面才是保命的要件。有研究顯示，這段時間可以從數個月到一年左右不等，[5]沒有一定的時間長短，因為難以衡量。許多跡象顯示，暈頭轉向的情況很快就會消退，壓力程度也因此下降。我們會變得清醒，在這個節骨眼結束關係的情侶不在少數。

愛情雞尾酒裡除了多巴胺和皮質醇外，還含有一種成分——催產素（Oxytocin），俗稱擁抱荷爾蒙。事實上，男女發生性關係後，體內分泌的催產素有助於強化彼此的連結感。溫存、分娩或哺乳都會刺激釋放催產素，[6]這種荷爾蒙可以建立信任，加強夫妻關係，甚至是忠誠度。它有助於我們與他人交往，並將相愛的感覺扎根於大腦中。我們尤其可以在草原田鼠（Präriewühlmäusen）身上看到這種效應。草原田鼠是少數保持一夫一妻制的哺乳動物，牠們一旦「墜入愛河」，就會終生保持忠誠，而催產素在其中扮演了明顯的關鍵。如果不浪漫的研究人員藉由實驗去破壞田鼠大腦釋放催產素，那麼忠誠自此結束。[7]從現在開始，牠們會有「外遇」，人們也可以在雄性草原田鼠飲酒後觀察到這種行為。[8]

山地田鼠（Bergwühlmäuse）則相反，牠們是草原田鼠的近親，通常喜歡與不同的伴侶交配。但若實驗人員將催產素注入牠們體內，牠們就會成為忠誠的伴侶。[9]當然我們不能將在動物身上的實驗結果推論到人類身上。如果有人為了挽回關係或是希望將自己心愛的人永遠綁在身邊，進而線上訂購號稱「信任液」（Liquid Trust）的催產素鼻噴劑或是腋下催情素除臭劑，那他們一定會對效果感到失望。

總而言之，情況似乎很清楚：首先我們會因墜入愛河有了超嗨的感覺，而當高潮消退時，如果一切順利，接著會有親密的伴侶之愛。這代表我們終將告別肚中的蝴蝶，因為荷爾蒙不配合。

但在許多系統性研究愛情的案例裡，還是有夫妻表示自己多年後依然對彼此有戀愛的感覺，[10]包含所有伴隨的溫柔、性以及吸引力。對此持懷疑態度的論述為，這些夫妻只是在自欺欺人，他們沒有完全誠實地回答問卷。的確，問卷可以不實回答，但大腦掃描的測量結果，至少可算是客觀的根據。於是美國的人類學家海倫．費雪帶領的團隊就在二〇一二年時，對在一起平均超過二十年的伴侶進行腦部掃描儀檢查。[11]受測者看到自己所愛之人的照片，接著VTA就像是收到命令般開始生產多巴胺，好像它本來就隨時待命上工。我在此省略複雜的細節，簡而言之，研究顯示：一張照片足以在長期伴侶的大腦中激發與熱戀者相同的區域。不過海倫．費雪告訴我其中有一點不同。在熱戀者的腦裡，還有一個與恐懼相關的區域也會跟著活躍起來，而這區域在長期伴侶者身上則相對平穩。相反地，在他們的大腦中，負責放鬆和抑制疼痛的區域則「忙著」。[12]研究人員報告說：「我們在實驗室遇見許多已經五、六十歲的人，他們保有長期關係，而且告訴我們『我還依然有愛上他／她的感覺』」，同時補充說道，沒有人相信。然而大腦掃描儀顯示，這些人既未撒謊，也沒有自欺欺人。

科學家們並不認為兩人剛墜入愛河時的激情，可以保有「持續高潮」數十年，或者在二十年後親吻時仍然保有當年初吻的感覺。然而，這也不能一概而論。人會改變，人的感受以及感知方式也會。只是有些人，即使和所愛的人已經相守二十年，仍然在看到對方時，他們的獎勵系統也會被單純的視覺刺激觸發。

當然，兩人之間的正面發展沒有靈丹妙藥，畢竟大家的生活方式以及喜愛的事物大相逕庭。但是心理學存在一種看法——一個結合科學發現，同時以一種迷人又簡易的方式呈現的戀愛理論，這個想法是由亞瑟．艾倫以及他的妻子伊蓮（Elaine）提出的。當我和艾倫教授見面時，我先請教他愛上妻子多久了，畢竟他在愛情研究領域是被世界公認的先驅，我殷切希望了解他如何實踐所學的知識。「哦，只有五十年。」他帶著滿足的微笑回答，並談到自己與妻子的關係是他所擁有最珍貴的東西。稍後當我會見伊蓮時，她讚歎丈夫是她所認識最有愛心的人。她的眼睛閃爍著光芒，一切不言而喻。我十分確定他們倆經過這麼長時間的相處依然相愛，完全不需要大腦掃描儀就能看出。他們之間不僅有信任與夥伴關係，他們肚子裡的蝴蝶依舊飛舞，即便兩人已生華髮（亞瑟的頭髮幾乎已光）。當然，他們認為那主要歸功於他們的理論，即所謂的「自我擴張模型」（Selbsterweiterungsmodell）。[13]這個模型假設如果兩人在一段關係中成功地擴展自我，彼此就能保持愛戀。一旦了解這個想法背後的兩個基本心理學假設，即可瞭然一切。

第一個假設：每個人都想有影響力。假使將需求視為一個金字塔，那麼底層就是食物、衣物以及毫無損傷，我們需要一個可以避風遮雨的屋頂以及足以維生的食物作為基本需求。金字塔的頂端是我們想在生命裡做些什麼的衝動，我們想感覺自己能改變些什麼，它埋藏在我們的內心深處。當大多數的嬰兒拉動一條繩子，接著床上方的玩具開始擺動時，他們臉上往往充滿了單純的喜悅。當我們還是孩子時，堆沙堡的目的只是為了看它們被摧毀。當我們年少時，我們想要挑戰極限，好看看自己能走多遠。後來在職場上，我們希望能以醫護人員的身分拯救生命，或是以工程師的身分建造吊橋。在家裡，我們可能會自己打造一個菜園、學鋼琴和烹飪，或者自己動手修露營車以便開去露營。當我們力不從心時，就會發現能具備些影響力對我們而言多麼重要。當老人無所事事時，他們真的會凋零；當年輕人被剝奪一展長才的機會時，往往會變得具有侵略性。

不是人人都想改變世界。對於某些人而言，小規模地啟動一些事就足矣。每個人的內心都有慾望，無論強弱與否，都需要被滿足，直到有一天我們死去。人類想要茁壯成長、持續發展和實現目標，為了能辦到這一點，我們與他人建立關係。這將我們帶到模型的第二個基本假設。

我們是社會動物。一個人若不與他人接觸的話，一出生即無法存活下去。人從一開始就依賴與他人的關係，所以很早就注意到自己會受他人影響。在班上與愛耍寶的同學一起搗蛋，就是會和電腦宅男混在一起時不一樣。不僅對外在的影響不同，對個人的內在也不同。人際關係為我們開啟了原本可能不會進入的新世界，我們因此成長。我們也總是經由與他人的連結定義自我。看著自己的孩子玩耍，我們會深感滿足。坐在觀眾席看見好友所屬的球隊贏球，我們與有榮焉。如果我們擁有豐富的人際網路，就占有一定的優勢，因為可以快速、輕鬆地找到支持。簡而言之，透過與他人之間的連結，我們也進而提高自己影響的可能性。

那麼，這與保持長久的戀愛感之間有何關聯呢？試著將我們的自我想成一個包含優點、想法、幽默、資源、期望、外表，當然還有弱點的圓圈。當我們墜入愛河時，我們會與另一個人形成一種非常特殊的連結，兩個「自我」會構成一個「我們」。於是一個自我的一部分成為另一個

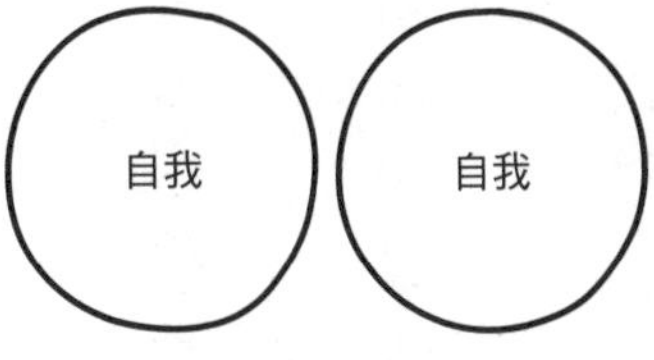

兩個各自的自我

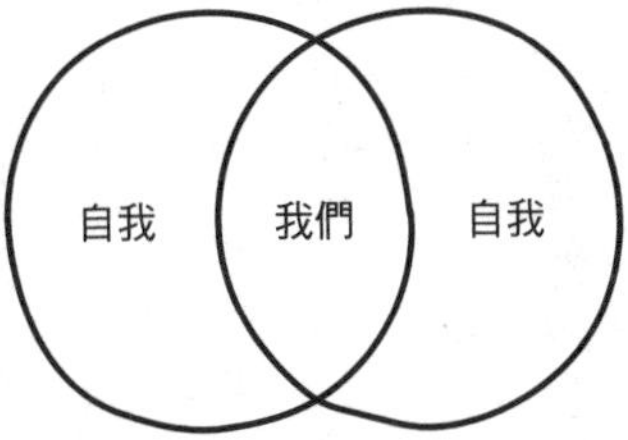

兩個自我，因為連結成「我們」而成長

自我的一部分。兩個圓圈互相交集，如果其中一個圓圈裡不全然是缺點時，那麼各個自我將會有所收穫，如此就能成長。

這也可以用科學證明。一旦我們墜入愛河，我們的自我會感受到強大的動力。幾年前加州大學有一項長期追蹤研究，每週有數百名學生會被問及：「今天你是誰？」[14]如果有學生剛墜入情網，他們的回答會突然與前一週大相逕庭，明顯使用更多類型的詞語來描述自己，自尊心提升，特別是「自我效能」（Selbstwirksamkeit）增強。我們可以如此總結他們的回答：「我的個性有所成長，更肯定自己。最重要的是，我覺得自己更有影響力。」與人相戀簡直就是擴大了自我的半徑範圍。相較於恐懼容易導致自我設限以及將注意力拘泥於細枝末節，戀愛造成的影響恰恰相反。它能開啟我們的內心，讓我們成長，因為我們會將另一個人納入自我。[15]

為了擴展自我而愛，這聽起來著實不浪漫，即便不以自我為中心。但是，讓我們好好審視個人的需求金字塔，當我們在所愛之人的幫助下實現金字塔的頂端，如此的關係就更顯不凡。而且，因為對方的一部分成了自己的一部分，自然就會誠心在意對方的安好。我們與另一個人分享自我，從而也擴展了自我。所以愛不是把自戀的自我像吹氣球一樣膨脹，而是透過另一個人的幫助讓它像植物一樣成長茁壯。不是為了追逐自我提升以持續精進，而是一種共同成長的感覺。研究中使用了七對圓圈以作為科學依據來詢問這樣的狀態。[16]

互不交集、視同陌路的兩個人，會選擇圖中的第一對圓圈，彼此之間毫無愛情，兩個圓圈分別代表自己。然而，當兩人感覺心心相印時，他們會選擇有交集的一對圓圈來表達。

如果我們仔細觀察這些圓圈，會注意到這七對圓圈的總面積始終是相等的。也就是說，圓圈各自的半徑會隨著重疊的面積而增加。這呼應了加州大學長期追蹤研究的觀點：我們將自己與另一個人連結在一起，而我們的自我也因此增大。很明顯地，一段關係的開展初期，我們會獲得許多新事物，但是隨著歲月

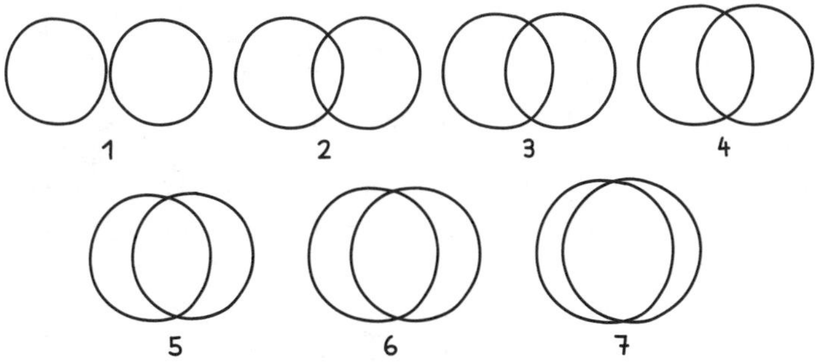

哪一對圓圈最能描述你們的愛情關係？

的流逝，在自我擴張模式之後，我們還可以期待什麼？

隨著時間的推移，人們會更加了解對方，知道什麼事讓他發噱、她討厭披薩上有哪些配料，以及什麼樣的電影會讓對方落淚，這樣的情形會持續發展到有些人幾乎完全融合在一起。在一項實驗中，已經有多年伴侶關係的受試者被要求從一個表中選出適合描述自己以及伴侶的性格特徵。一週後，所有受試者都被要求當螢幕上出現的形容詞符合自己的性格特徵時，就迅速按下「我」按鈕。實驗結果顯示，每當受試者在前一輪所選的同時符合自己與伴侶的特徵閃出時，他們的反應往往最快；對於那些只符合個人特徵的形容詞出現時，他們則需要多一些時間。雖然我們在此討論的時間差只有幾毫秒的差異，但當我們的大腦與另一個人因為戀愛而感到連結時，它必須花更久的時間去「計算」，才能將兩個自我圓圈分開。大腦琢磨「是我，還是那個我愛的人？」所需要的時間，比回覆「那就是我們」來得久。

這種「不分彼此」的現象也會出現在身體反應上。二〇一〇年台灣的一個研究小組發表了一項題為《愛情會傷人》（*Love Hurts*）的研究論文。[17] 根據他們所做的大腦掃描實驗顯示，當我們所愛的人的手指被夾到或是小腳趾踢到桌腳時，我們真的會感同身受。那些選擇圓圈大面積重疊的戀人，他們這類的感受尤其強烈。

還好我們承擔的不只疼痛。當女性在實驗室裡接受不舒服的電擊時，如果能同時握住丈夫的手，她們感受到的疼痛會比握住陌生人的手來得輕微。[18] 在這個實驗中，女性越滿意與丈夫的關係，她們的大腦會將更多痛苦分布在她丈夫的圓圈裡。痛苦因分擔而減半，重疊的圓圈賦予這句話真正的意義。所有這些實驗都只檢視異性戀關係，但是也適用於同性戀、雙性戀以及跨性別者（LGBT）的關係裡。

自我擴張模式是眾多愛情理論之一，它「不會」也「無法」全盤呈現這個複雜的主題。但是如果我們接受戀愛是為了擴展自我的這個想法的話，那麼將很清楚永保戀愛感覺的要素為何。一開始時一切都很容易，荷爾蒙讓我們振奮，我們的自我也因為與他人的新體驗獲得提升。如果我們能隨著時間的推移，不斷增加對彼此的了解，而且保持著關係，那麼圓圈交集的面積也會增大。也許它的速度不像一開始時那麼快，但我們會發現自我持續增長，而那是種美好的感覺。當自我擴張停滯不前時，就是有問題了。對於關係不再發展的夫妻，他們相對已各自生活，彼此的圓圈開始相互遠離。有些人選擇在這個階段分手，有些人貌合神離，一起孤獨共老往往成了悲哀的結局。

根據自我擴張模式，保持戀愛感的唯一方法就是讓兩個「自我」持續成長。為了了解背後的運作模式，讓我們回到卡皮拉諾峽谷的吊橋上。

亞瑟．艾倫和唐納德．達頓在此發現的事實是，令人感到緊張的情況會使人處於情緒接收狀態。男人們的大腦將在吊橋上的驚險刺激和興奮歸因於與年輕女子的相遇，而非吊橋本身。這種效果並沒有發生在相對不刺激的木橋上，在這裡男人們並未處於特別容易接收的狀態。這個發現後來也在許多其他研究中獲得證實，而且在女性受測者身上也有相同的驗證。[19]

讓我們再回憶一下大腦中是如何發生化學變化的。當我們被丘比特之箭射中時，就能理解橋梁實驗的結果：一個令人興奮但不至於讓人不知所措的經歷會引發分泌多巴胺。就像有些人喜歡坐雲霄飛車時的那種刺激，男人們在過吊橋時，胃部會有一種翻騰、略微激動的感覺，使得他們的大腦將其誤認為是愛情萌芽，這就是為何這麼多人會打電話的原因。

伴侶們可以從這些發現中獲益。即便相處多年，假使依然能一次又一次地有新的體驗，就能擴大圓圈的總面積，我們在體驗新事物時所感受到的興奮會將蝴蝶再度帶回我們的肚子裡。在一個相關的研究裡，伴侶被隨機分成兩組，他們被要求在接下來的七十天內，每週共同參與一個小時的活動。[20]其中一組被要求有意識地想出一些會讓他們感到興奮的活動；而對照組則被要求做一些愉快但不大令人熱血沸騰的事情，比如看電影或上教堂。果然，那些一起經歷激動人心活動的伴侶，事後對彼此的關係顯得更滿意。他們選擇的活動，無論是去聽音樂會、看表演、滑雪、健行或是跳舞，都不是什麼偉大的冒險活動，但都比在沙發上追劇更令人激動。

只要每隔一段時間走出既有的舒適圈就夠了。當我們一起試圖模仿探戈老師的舞步或是走過搖曳的吊橋時，我們的大腦會將緊張解釋為蝴蝶歸來。所以卡皮拉諾峽谷的這座吊橋似乎值得一遊。

打破個人慣例、累積令人興奮的經歷是一種方式，另一種則是在日常生活中做一些小舉動，也有助彼此擴張自我。幾年前，研究人員約翰．高特曼（John Gottmann）和羅伯．李文森（Robert Levenson）在華盛頓大學的校園內將一個空間改造成小型「飯店」，作為愛情實驗室，邀請新婚夫妻在受監視的情況下在飯店度過二十四小時。[21]六年後，研究人員再度連繫他們以了解哪幾對夫妻仍維持關係，哪些則已結束。結果顯示，人們竟然可以根據愛情實驗室中夫妻的行為，以十分驚人的準確度預測後續關係的演變。

研究人員在觀察過程中，發現夫妻對所謂的「邀請」（Bid），即提供或嘗試與對方建立連繫，反應截然不同。例如：對鳥類感興趣的歐樂（Ole）在飯店房間的小陽台上與萊拉（Laila）共進早餐時聽到鳥鳴，「妳聽！這肯定是知更鳥。」他興奮地喊道，並期待他所愛的人會做出肯定他的興趣的反應。他的妻子萊拉可以回應「邀請」，並且進一步詢問他是如何辨識的；或者她也可以只是「嗯」一聲，頭也不抬地繼續翻閱報紙。兩個人在這樣的時刻如何對待彼此，足以顯露許多事情。那些來過愛情實驗室並在六年後關係破裂的夫妻，平均只有三分之一對「邀請」有應和；而關係持續的伴侶中，這部分的比例則為百分之八十六。我們可能對鳥一點也不感興趣，但我們的伴侶卻格外在意，能從鳥鳴認出是知更鳥即為他的長處。當我們願意花點心思，時常應和這些日常生活中看似不重要的「邀請」時，我們就是在互相勉勵，也鼓勵彼此持續關注某些主題。這就是如何從生活小節達成自我擴張，進而保持戀愛的感覺。

「五比一法則」也十分有用。[22] 沒有爭吵，就沒有愛情。無論是擠好牙膏之後，蓋少交集，戀愛中的「我們」終究還是由兩個「我」所組成，戀愛的感覺需要基於兩人「一起」與「各自」之間保持平衡的基礎。有些伴侶幾乎完全生活在「我們」中，沒有各自分開進行的活動。在愛情中保有個人空間相當重要。如果我們與自己的朋友相處，他們會帶給我們新的想法，或者當我們獨自旅行時，會把所見所聞以及想法和故事帶回家，從而相互激發。如果我們的另一半也能這麼做，那麼就會有兩倍耳目一新的事物，而這也正是愛情一開始時吸引我們的地方——覺得我們可以挖掘另一個人，同時獲得新收穫。我們的自我就愛如此。沒有什麼東西會比確定性以及習慣更快失去吸引力。為了避免如此，我們應該為彼此保留一點神祕感。

我們也可以互相支持，在彼此在意的領域持續發展。「慶祝你伴侶的成功！」艾倫教授如此建議，[23]「這比在事情不順利時提供幫助更有價值。」我們理所當然地認為，當其他人不順遂時，我們應該伸出援手。但遇到相反情形呢？我們是否花費足夠的時間來享受我們所愛的人的成功，並讓他們也能感受到呢？讓我們在一段關係中還能各自在原來擅長的領域自由發光，同時欣賞彼此，幫助我們的大腦不要忘記，因為大腦容易只看到負面的一面。不要忽視與自己重疊的另一個圓圈有多棒，以及這個圓圈在我們的正面自我認知中能產生多大作用。如果有機會的話，可以互相陪對方去上班一天，或者從事各自愛好之餘也不忘偶爾相望。

沒有一種感覺是靜止的。就如將愛情保持得像初戀時的最初幾小時或幾週一樣，這是不可能的。即使是像莎士比亞這樣的浪漫主義者也應該承認，感覺自己一直在搖擺不定的吊橋上，這會讓人覺得壓力太大。然而，即便在一段長期的關係後，我們仍然可以聲稱還保有戀愛時的感覺。我們甚至應該擁有它，因為從科學的角度來看，戀愛與身心健康以及滿足感有關。[24]

如果我們捨棄戀愛的感覺，將會剝奪生活品質的重要來源。戀愛的感覺如此美好，而且只要簡單幾個步驟就足以長期保持這種感覺，像是留意三不五時能一起共享新的體驗、在日常生活中相互鼓勵、提供彼此各自發揮的空間——簡而言之，在關係中拓展自我，如此我們的大腦就會釋放出蝴蝶在我們肚子裡飛舞的幸福感作為回報。事實上，我們可以藉由一些小事讓我們擺脫今日時常壓在愛情上的壓力。墜入愛河的感覺太寶貴了，只在愛情初期時才能感受到。與其煩惱必須做些什麼才能保持戀愛的感覺，不如慶幸我們還有那麼多事情可做。

一個短暫的漫長時間

我們如何暫緩飛逝時光？

EINE KURZE LANGE WEILE

Wie wir die rasende Zeit bremsen

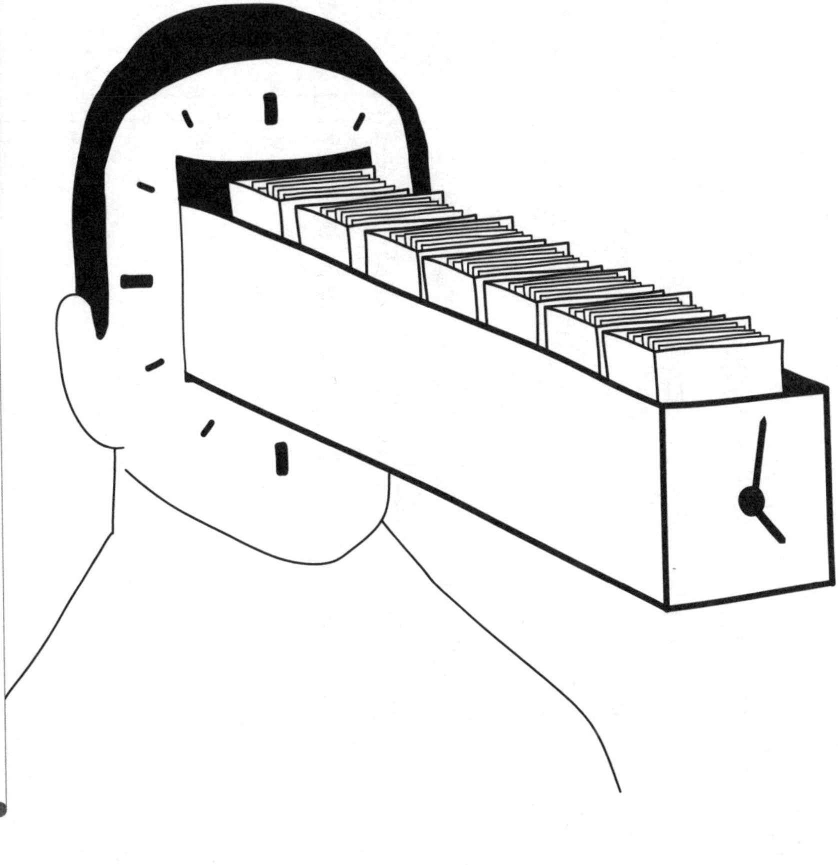

時間是個奇怪的東西。當人平淡過日子，時間就像不存在般。
但是突然間，人似乎除了時間，什麼都感受不到：
時間既環繞在我們周遭，也深植我們內心。

——雨果・馮・霍夫曼斯塔（Hugo von Hofmannsthal）

想像你將坐在一個偌大的空間，裡頭除了書桌之外，空無一物。在進入房間前，你被要求交出手機以及所有私人物品，也就是說手邊沒有任何東西可以轉移注意力。你在裡頭唯一的任務就是坐著保持清醒。請問你能在這個房間裡待多久？一分鐘？十分鐘？還是一個小時？

維吉尼亞大學的社會心理學家提摩西・威爾森（Timothy Wilson）首先讓一群受試學生在實驗室裡接受電擊。[1]學生覺得實在很痛，所以寧願付一筆小錢，也不要再接受電擊。接著他們逐一被要求進入配備一組桌椅的房間裡，並且在那獨處十五分鐘。除了桌上設有的一個小裝置，房間裡沒有任何物品可以讓受試學生分心。工作人員告知他們，如果按下按鈕就得承受像之前那樣的電擊。

「我們不知道會發生什麼事。」威爾森教授在接受《波士頓環球報》（*THE Boston Globe*）採訪時如此表示。[2]「研究團隊的某些人問：『我們為什麼要這樣做？沒有人會電擊自己的。』」實驗結果卻恰好相反。三分之二的男同學和四分之一的女同學至少按了一次按鈕電擊自己，有些人甚至是多次。其中一位受試者竟然在短短的十五分鐘內電擊自己一百九十次，超乎想像。

威爾森教授對於這個結果的解釋是，人們幾乎無法忍受獨處，他們因為覺得無聊而電擊自己。為什麼我們難以忍受無聊呢？為什麼這十五分鐘漫長得令人難受，而在別種情況下卻如飛逝般？時間為何會以如此不同的速度劃過？

時間是一個明確定義的物理量。十五分鐘在世界的任何角落都等於九百秒，剛好一刻。人們可以用錶從十五分鐘測到千分之一秒，好比用溫度計測量零度一樣。溫度測量可以如此精確，但是體感溫度卻也會大相逕庭。同樣的溫度會因為風、陽光以及濕度，而有十分相異的感覺。時間也是如此。「和自己喜歡的女孩共度兩小時，感覺如瞬間；而坐在火爐上一分鐘，則會如同兩小時般長久。」這是愛因斯坦說的，他可能是全世界研究時間最有名的人。愛因斯坦在物理學上已經證明，時間是相對的，對於我們的大腦而言，它也不是一個固定單位。

科學家長期以來企圖尋找人體內的時鐘，卻徒勞無功。人的大腦與身體雖有不同的系統在運行，卻又能像上了發條的齒輪般相互交錯運行，控制生理時鐘，絲毫不差地協調我們的活動，或是將飢餓感調整到白天。只是這個時鐘沒有指針，人類體內也沒有像時鐘一樣會滴答作響的東西。相反的，雖然我們可以用精確的原子鐘去為我們的世界計時，即使在一百億年之後，誤差也不到一秒，但是時間在我們體內的運作方式卻大不相同。[3] 我們是用感覺的。

這就是為何同樣都是十五分鐘，如果是坐在喜愛的人對面時，會覺得倏忽即逝；如果是在餐廳苦等他人赴約，會覺得很慢；而像威爾森教授電擊實驗中的受試者，則會覺得時間慢到幾乎無法忍受。我們對時間的感覺會隨著情況與年齡的差異而截然不同。

小時候覺得等待聖嬰降臨期（Advent）是一年中最長的一段時間。二十四天的殷切期盼對年幼的自己有如永恆，就算每天能收到一塊巧克力也難以轉移難耐的等待。

只有當平安夜的美妙鐘聲響起，示意聖嬰已降臨過，聖誕樹下的禮物可以拆封時，救贖才算來到。即使到今日，我的父母依然會在聖誕節全家齊聚一堂時，搖起同樣的鈴鐺。只是經過這些年，鈴聲依舊，我對它卻有了完全不同的感受——救贖感不再，反而是滿腔不安。「一年又將過完了嗎？過去的二十四天和之前的十一個月去哪兒了？為什麼時間過得這麼快？」相對於年幼時期，我對時間的感知顯然發生了根本性的變化。

我們感受的時間與個人的生命長短有一定的比例關係。所以乍看之下，要說時間隨著年齡的增長過得更快，似乎合邏輯。因為當一個兩歲的孩子慶祝生日時，一年相當於她生命的一半；而當她五十歲生日的那天，一年只占她生命的百分之二。如果我去參加全程馬拉松，一公里占總距離四十二・二公里的比例似乎相對較短；如果我只是前往住家附近的麵包店時，同樣都是一公里，似乎覺得遠了許多。如果我們將一年視為人生旅程的分子，那麼對於一個兩歲的幼兒而言，這個分數遠大於一名五十歲長者的。同樣的時間隨著年歲增長，所占的比例越來越小，因此感覺起來越來越短。

這種思維有道理，所以廣受眾人認可。但這想法有陷阱。因為依據這樣的思考脈絡，一個五十歲長者的一小時感覺起來理應比兩歲幼兒快二十五倍。可是只要遇過火車誤點超過一個小時的人都知道，無論年紀多大，這一小時可能都是無限久。重要的是在那段時間裡的經歷。

人們一再提到遭遇車禍、火車事故或是跌倒的瞬間，時間彷彿停止，而他們經歷的過程宛如慢動作。為何如此？史丹佛大學神經學家大衛・伊格曼（David Eagleman）做了研究，而他個人則因為幼時曾從屋頂上摔下來，有過類似慢動作的經歷。[4] 這位科學家在距離地面三十一公尺高的地方找到解答。他將一組受試者用攀岩安全吊帶吊在如此令人發暈的高度，受試者的手腕上戴著特殊的電子錶，錶面顯示的不是時間，而是一到九不定的阿拉伯數字。這些數字出現一下，隨即消失，速度快到無法用肉眼察覺。如果用慢動作拍攝的話，則可以清晰分辨。

受試者只要按下按鈕，即可解開掛勾，向後掉進架好的防護網，不過在落下的同時必須努力辨識錶上出現的數字。假使掉落的速度真如慢動作般，應該可以辨別錶上顯示的數字。但是這種情況完全沒發生，沒有人能辨別錶上的數字。儘管如此，墜落還是影響了受試者對時間的感知速度。回到地面後，受試者對於墜落所需時間平均高估了百分之三十六。[5]

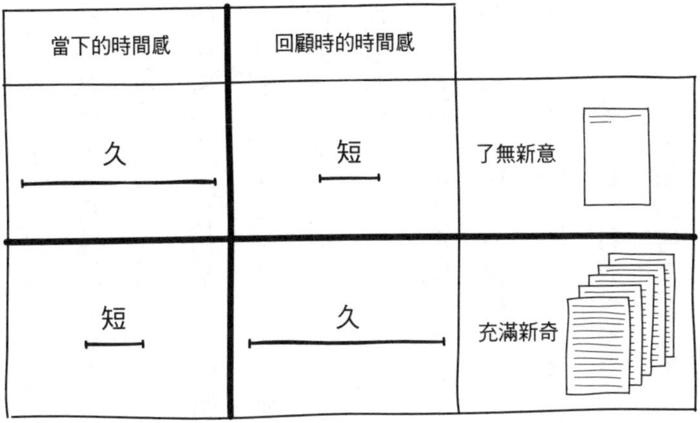

時間悖論 6

人們對時間的感知各有不同。我們在經歷平淡無奇的時刻時，會覺得時間被拉得很長。然而回想起來，這樣的片刻卻迅速消失，幾乎未留下回憶。

時間的感知速度來自回想。試想，我們的大腦持續寫下各式經歷，就好像一本詳實記載的日記。當沒有什麼事件發生時，一頁就足夠記下；當我們從三十一公尺的高處跌落時，大腦會十分清醒，因為必須盡可能接收各式訊息以確保反應靈敏。這個虛擬日誌很快就會多到塞滿好幾個檔案夾，因為人類在特殊時刻特別需要大腦裡的空間。

這些額外所需的空間延長了我們的時間感。對於我們的大腦而言，無論是掉入防護網或是從屋頂上摔下來，這些都是必須處理的全新狀況。新事物充滿訊息，以一種特殊方式挑戰我們的大腦。最重要的是，那些新鮮事物賦予我們的時間感意義。當我們回首往事時，裡頭的新鮮事越豐富，所感受到的時間就越長。特殊的經歷與持續的戀愛感一樣，都能明顯影響我們的感知。

類似的體會在日常生活中層出不窮。當我們在陌生國度旅行時，無論是所見的人、飯店房間或是食物等，一開始都顯得陌生而令人感到興奮，以致我們會驚訝地問說：「我們真的是前天才抵達的嗎？總覺得是好久以前發生的事了。」但是幾天過後，我們熟悉了通往海灘的路途，也認識了咖啡館裡的服務生，於是後續的度假時光就這麼飛逝而過。

當我們的大腦吸取大量新訊息並想要保存在虛擬日誌時，就會出現令人難忘的時刻。這也解釋了為何同樣是一年的時間，我們在幼時或年少時感覺起來會比年老時來得長。孩童的大腦必須不斷地記錄新訊息，因為新事物接踵而來——第一次騎腳踏車、在學校參加戲劇表演，還有初吻等。

我們生命的前二十五年充滿了無數的嶄新經歷：我們決定接受技職教育、在技術學校或工作時結識新朋友、結交異性朋友，甚至為人父母。種種的一切在當時都是空前的。第一次總是令人難以忘懷，即使經過多年，它們依然在我們腦中占據大量區塊。我們記得生命中的許多最初時刻，那麼，最後一次呢？何時做了某件事的最後一次呢？

我們的時間感是自相矛盾的。無論是我們當下的感覺抑或回顧，時間感會有所差異。週末的小旅行宛如飛逝，但在記憶中，它卻比在家度過的週末要漫長得多；等待誤點火車的當下，感覺似乎漫長，但數天後卻已被我們拋在腦後，因為在充滿其他經歷與冒險的漩渦中，那一刻顯得相對渺小。然而，當我們陷在那樣的時刻時，時間就像口香糖一樣拉扯，我們躊躇不前，時間似乎無限。

為人父母者對於「我好無聊！」這個抱怨，肯定耳熟能詳。我們長大成人後，不再常把「覺得無聊」掛在嘴邊，但它卻未曾消失。根據最新統計，僅在美國，僱主每年花費在員工閒置時間的成本超過一千億美元。[7] 在全球各大都會裡，民眾每年有兩百多個小時是被困在車陣當中。[8] 出席冗長的會議、等待遲到的友人或是平安夜的鐘聲等，這些都是萌生「好無聊」的念頭的時刻，而且那是令許多人難以忍受，甚至寧願電擊自己也想避免的感覺。但，無聊究竟是什麼？

加拿大心理學家約翰・伊斯特伍德（John Eastwood）主持一個可能是全世界絕無

僅有的「無聊實驗室」（Langeweile-Labor）。他將無聊定義為，想要卻無法參與令人滿足的活動所導致的不適感。[9]折磨我們的不是無事可做，而是缺乏意義。感到無聊的人提及自己無法專注、保持關注、提不起勁以及疲倦，他們一方面顯得無精打采，另一方面卻焦躁易怒。[10]儘管這樣的感覺讓人感到不舒服，但研究人員堅信無聊仍具備許多積極的面向，而且對人類而言極為重要。無聊就像恐懼一樣，實際上是為了幫助我們，提示我們些東西。

美國當代哲學家安德烈斯・埃爾皮杜魯（Andreas Elpidorou）多年來持續研究無聊這個題目，他也是最早提出無聊多有益生活的人之一。他在我拜訪時表明，人們很容易將無聊與放鬆混為一談，因為兩者皆屬靜態。然而其中的主要差異在於對狀態的評價，「沒有人喜歡無聊的感覺。」埃爾皮杜魯這麼說，因為那使人感覺不好。如果感覺不錯，就不是真正的無聊。所以根據定義，無聊就是會讓人感到不舒服。

為什麼無聊對我們依然無比重要？只要與疼痛感相比，就能清楚理解。一旦我們身體有了不正常的狀況，就會產生疼痛。「疼痛」提醒我們有問題發生，我們不僅該注意，而且還應該解決。如果我們坐在一張不適合的椅子太久，就會感到背痛。那麼，背痛就是一個明確的信號，提醒我們該換個姿勢，或是最好站起來走動。「無聊」對我們的心理也扮演類似的警告角色，同時也要求改變。[11]「無聊是一個提醒我們回到正確軌道上的信號。」埃爾皮杜魯解釋道。它在頭腦裡扮演著類似矯正的功能，協助我們理解自己何時正在做無濟於事的事物。沒有其他情緒比無聊更能凸顯理想目標與已實現目標之間的差距。如果兩者差距很大，我們會覺得不舒服。無聊會讓我們注意到這樣的事實，那就是自己正在進行無法自我滿足的事情，同時激勵我們將無聊視為一種必須積極抵抗的「不良」感覺。然而我們不會想傾聽這不愉快的感覺究竟想要傳達什麼訊息，因為一旦聽了它們的意見，我們就必須用批判的角度質疑自己的行為，甚至全部打掉重練。誰會喜歡這樣呢？這就是為何我們會轉移注意力以便消弭無聊，或試著用藥物壓制痛苦與恐懼。

讓我們靜下心來回想：自己最後一次覺得無聊透頂是何時？現代社會幾乎完全沒有無聊的餘地。白天忙著工作，下班後要照顧小孩，一旦真有感到無聊的空檔，我們會在某個螢幕上滑一下，迅速將其抹去。COVID-19 疫情肆虐的封城期間，酒吧和電影院都被迫關閉，我們很容易發現整個社會對無聊的接受度有多低。網路與報章雜誌上充斥著各種技巧，教人如何善用這突然冒出的空閒時間。我看到許多人急於填補自己剛獲得的空檔，像是啟動一個線上計畫、健身、粉刷廚房，重點就是不要讓無聊出現！

我們總是在不愉快的感覺還在萌芽階段時，立即扼殺，對那些信號充耳不聞。而它們其實是自己迫切需要的，就像疼痛以及恐懼一樣，都是導引我們生活的指南針。

無聊並非如人們想像的是網路時代的一種現象。早在古代，它就被污蔑地稱為「僧侶病」（Mönchskrankheit）。中世紀時期，基督教會甚至將其列為一種罪惡。而今與過往不同的是，我們可以輕易地避免無聊。隨手可及、各式各樣轉移注意的方式，分散了我們的內在視野（Innensicht），而這個內在視野只會在無聊時出現。

如果你想給無聊一次機會，連帶讓自己對時間產生不同感覺的話，就應該正視無聊的好處。除了導正以及激勵的力量之外，無聊還能讓我們沉浸在自己的思想當中，這正是其可貴之處，我們的思緒可以任意奔馳，可能會產生許多前所未有的想法。事實上，多年來一直有人在研究無聊是否可以提升人們的創造力。為此，受試者在各種實驗中被要求執行冗長、單一的任務來折磨自己：有些人不得不盯著螢幕保護程式；有些人必須將碗裡的紅豆與綠豆取出並依顏色分類；有些人必須抄寫電話簿上的電話號碼。[12]這些被設計得先執行無聊事務的實驗組，大多數人在創造力測試中的表現明顯優於對照組，後者被允許分散個人注意力或是被要求從事艱鉅的任務。儘管這方面的研究仍處於起步階段，但許多跡象顯示，如果我們任其發展，無聊會讓人對新事物產生興趣。

無聊也可以是一個讓人更深入審視自我的機會。根據埃爾皮杜魯的看法，它不僅能激發個人成長，啟動人們追尋意義，還能順勢將人推出舒適圈。[13]二〇〇九年有一項針對一百二十三對美國已婚夫妻進行的研究，研究人員發現愛情、夫妻對婚姻的滿意度以及無聊這三元素間有重疊的關係。[14]那些結褵七載，對彼此婚姻感到無聊的夫妻，他們會逐漸疏遠，如果九年後雙方依然在一起，他們會更加不滿。由此可發現，正視無聊並將其理解為重新調整彼此關係的訊號是何等重要。「了解無聊能給予我們什麼，是善用它為我們造福的第一步。」埃爾皮杜魯如此總結。

無聊尤其會出現在日常生活的短暫片刻，比如在候診室、在超市排隊結帳或是塞在車陣裡。但是如果我們連上廁所也忍不住想滑手機轉移注意力的話，就會讓無聊難以取得與我們連繫的機會。已經有研究結果顯示，無聊有助於我們的大腦喘口氣。當我們什麼都不做時，大腦並不會因此關閉，而是切換到另一種特殊模式，即所謂的「預設模式網路」（Default Mode Network）。[15]這似乎有其必要性，以便對所經歷的事物進行分類，並理解個人的經驗和情緒——簡而言之，就是梳理生活。

「然後你必須有時間坐下來，面對自己。」據說阿思緹·林格倫（Astrid Lindgren）曾如此說過，也道出現代心理學的中心思想。一個人是否能夠忍受無聊，與內心的平靜程度高度相關。無聊會自動出現，也會自行離開。如何留出中間的時間才是訣竅，即使這很困難，而且我們傾向快速找出分散注意力的方法，排遣對時間的不舒服感知，好讓自己表面上快樂。然而光是允許無聊停駐，還不足以將這段時間變成美好的時光。我們時不時需要無聊的片刻，以便讓我們冷靜下來，傾聽內心的聲音，同時對自己所選擇的道路與目標進行比較。

我們無法改變時間的物理大小。當我寫下這幾行字時，時間一分一秒過去，當下變成過往，今日化為昨日。時間的進展不可逆，但我們能改變對時間的感受。為此，我們必須有意識地體驗生活，這在現今似乎比過往任何時候都更重要，因為我們的時間感越來越不依據固定的架構。在過去，春、夏、秋、冬，四季不僅劃分年分，也決定人們從事的活動，春耕、夏耕、秋收，而冬日白晝短促，所以人們在室內幹活。就這樣，人們有意識且強烈感受四季的存在。如今，這種結構對我們而言不再扮演舉足輕重的角色。每天的工時長短不會受到日出日落左右，每個季節都有新鮮水果可以享用，如果我們一月想享受陽光，可以飛至加勒比海或是接受人工日光浴。而各式宗教儀式，如聖枝主日（Palmsonntag）和復活節之間的聖週、猶太人在安息日休息或是回教徒一天五次固定的祈禱儀式，也日漸失去重要性。以色列的星巴克，週六照常營業❷，就像週日在羅馬一樣❸。我們將夜晚變成白天，輪班工作，我們可以不分晝夜地收發電子郵件，「工作」與「生活」的界限變得模糊。因為有了彈性工作制以及在家工作，我們可以自由決定何時展開一天的工作，以及何時結束。

❷ 譯注：週六在猶太教是「安息日」。在安息日，猶太教徒遵守律法中關於工作的禁令，這包括不工作、不烹飪、不使用電器、不購物、不處理商業事務等等。相反，他們參加宗教崇拜，閱讀聖經，祈禱，以及花時間與家人共處，進行精神的沉思和休息。

❸ 譯注：週日對於天主教徒，稱為「主日」，類似於猶太教的安息日，主日被認為是一個休息和冥想的日子。天主教徒被鼓勵在這一天遠離日常工作和煩惱，專注於靈性活動和家庭生活。

這種種彈性是有其代價的。新創企業既不時興打卡，也沒有工廠響鈴。然而兩者都有個優點，就是提供大腦一個明確的信號——收工時間到了。我們的時間感脫序，因為框架不見了。如果時間是一種感覺，而且這種感覺越來越個人化和自由，那麼我們也應該對這種感覺負責任。這種感覺變化頻繁，會依我們想要處理和保留的訊息量，以及我們賦予秒、分、時和天的價值所影響。

如果時間對我們而言過快或過慢，我們可以積極應變。習慣以及慣例都會侵蝕我們的時間感。那些大腦一次又一次處理的訊息以及過程會在腦中找到捷徑，它們將更迅速抵達目的地。而大腦既省了時間，還節省了記憶。當然，我們不能只為了讓大腦為個人時間軸上發生的事情騰出空間，就每天從高塔跳入保護網。但是，我們可以確保體驗新事物。試想，我們的大腦為童年的經歷提供了多少空間。人們可以透過孩子的眼睛發現到周遭世界依然充滿了各式各樣的第一次。一條新的通勤路線可以是種首次；嘗試烹調一套三道式晚餐也是如此。如果你喜歡更大的挑戰，可以參與慈善工作。最好是在一個迄今為止完全陌生的領域。讓我們給自己的大腦一些刺激，即刻嘗試些簡易的第一次，甚至是最後一次，因為那也能奏效。有時我們對一件事做最後的告別時，會有意料之外的火花。讓我們去未來半年都不會造訪的餐廳用餐，登入 Netflix 觀賞節目，之後三個月都不看；或是讓自己今年最後一次享用最愛的冰淇淋。情感上，最後一次可能會與第一次一樣令人興奮，哪怕只是有限時間內的最後一次。

如果有了動人的記憶，回首惦念時，將使時光變慢。如果一個人從復活節到聖誕節這段期間，都過著如例行公事般一成不變的生活，他將會在平安夜感嘆時光飛逝。但是只要打破慣例，就能確保大腦記下的不會只有單單一頁，而是填滿整個檔案夾。這樣，我們就能對飛速時間稍作阻攔。

根據我的個人經驗，打破習慣還能幫助我們不時改變觀點。我們終日庸庸碌碌，眼光只看著前方，思索著未來將會為我們帶來什麼；企業家為了創新絞盡腦汁；投資者想盡辦法預測趨勢。我們總想擁有最新的科技，因為它讓我們產生趨近未來的印象。在這個科技世界裡，一切都以未來為導向。「過去，人們認為新事物理所當然必須證明其合理性，而不是延續舊有的。而今日的情況正好相反，必須證明自己合理的是傳統而非創新。」呂迪格．薩弗蘭斯基（Rüdiger Safranski）如此寫道。[16]未來將會為我們帶來什麼，類似的議題無所不在。我們追逐未來，就像驢子追著綁在棍子上的胡蘿萄一樣，看得到卻吃不到。然而人們也可以用不同的方式面對時間。

四千年前，對於生活在美索不達米亞東部的巴比倫人而言，過去是一種放在眼前的東西。巴比倫語表示「過去」（Pānātu）的字，與「前面」以及「臉部」有相同的字根；另一方面，「未來」（Warkītum）這個字在語言上與「背後」和「尾部」等概念密切相關。[17]這種概念乍聽之下，著實令人難以想像，因為在我們的世界裡，未來是在我們面前而非身後。對我們而言未來是往前看的，而巴比倫人則相對是從後面接近它。想像你坐在火車上，列車正駛向未來，你迎面望出窗外，一切都朝你飛馳而來，鐵軌旁的樹木從你身旁呼嘯而過，你會感受到速度；而乘坐同一列火車的巴比倫人，他從反方向看出窗外（也就是朝向來處），從這個角度，樹木不會朝他接踵而至，而是隨著每前進一米，距離更加緩慢地遠離。回顧的距離減緩了時間的流逝。

像巴比倫人一樣感受時間的人，在邁向未來的每一步都會看到不斷累積、增加的過去。但是，如果像我們只從當下著眼於未來，那麼眼前只有一寸，因為未來尚未到來，當下只是一瞬間，而過往也不在眼前。不讓過往發揮作用的人，將會失去時間的概念。

我非常喜歡巴比倫人的想法，所以時而力行他們的時間觀。在每個月底記下寥寥數語，概述過去四週的經歷，這對我非常有幫助。我會靜靜坐下，有意識地向窗外看去，逆著行進的方向，並在我的記憶中尋找一件小事物，然後我會將它記在雜記本裡、便條紙上或隨手可得的任何東西上。通常那些東西不久就遺落某處或是被我扔了，因為我的目的不是捕捉永恆的記憶，而是為了練習回首過去。事實上為了能在月底記下隻字片語，我發現自己越來越能夠關注日常生活裡的片刻。不過，我不會在跨年夜為該年做最後的記錄，而是選在平安夜，也就是在聖誕鈴聲響起前的幾個小時。能在等待聖嬰降臨期間選擇幾個生活點滴來記述，讓我感到欣慰。那證明自己在正確的軌道上，回到曾經擁有的時間感，那時的我覺得等待聖嬰宛如永恆。

紅色的多重色調

如何化解我們的憤怒？

DIE VIELEN TÖNE DES ROTS

Wohin mit unserer Wut ?

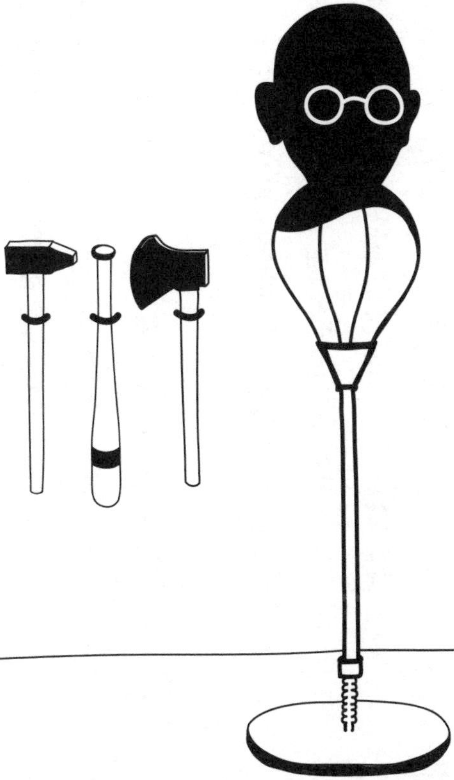

光是憤怒是不夠的。最高的指導原則是好好地組織與團結人民，
好將他們的憤怒化為改變的力量。

——馬丁．路德．金恩 1

二〇二〇年五月二十五日，喬治．弗洛伊德（George Floyd）趴在地上不斷呻吟著「我無法呼吸！」。警察德里克．蕭文（Derek Chauvin）正以膝蓋強壓弗洛伊德的脖子，時間長達八分四十六秒。影片裡出現的畫面不堪入目，因為十分不人道。一個人怎能持續壓制在另一個哀求饒命的人的脖子上呢？這個顯然不正當的情景引發許多人的憤慨，而憤怒之火也快速席捲美國以及世界各地。

憤怒似乎充斥現代社會。瑞典環保少女童貝里（Greta Thunberg）用憤怒到顫抖的語調喊出「你們怎麼敢？」來控訴全球當權人士；西班牙有加泰隆尼亞人宣洩不滿情緒；在法國有黃背心運動；數十萬憤怒民眾在香港的街道上遊行抗議；英國支持脫歐者氣焰高漲；在白羅斯和波蘭，則有女性反抗大權在握的男性；而在德國，民眾為了火車站地下化或是電線鋪在地面上而忿忿不平。

即使在日常生活的小舞台上，憤怒也不斷交錯出現。我們必須與會暴怒抓狂的上司相處，還要容忍因為爸媽不允許他們吃冰淇淋而在街上哭鬧的小孩。誰沒有因為前方車輛以龜速三十公里在主幹道上慢行而拿方向盤出氣的經驗？或者發現親人的一個小錯就大發雷霆，只因白天上班時累積的各種挫折——爭功諉過的上司、過分的客戶以及毫無章法的團隊——到了傍晚必須宣洩？尤其是社群媒體，它們似乎是為了人們發洩各式憤怒而存在的，餐廳的餐點不夠完美，那就留下一星負評或是在留言欄抱怨、批評。

我們其實是追求和諧的。畢竟，在會議上拍桌子或對孩子吼叫是不合宜的。日常生活中，時時刻刻需要自律。憤怒一旦一發不可收拾，羞恥感隨即而來，因為在我們的社會中，公然表達憤怒是不被允許的。憤怒的人會被視為不理性以及不可預測，所以大家會盡可能地抑制怒氣。由於害怕出醜或表現出容易失控的模樣，我們寧願壓抑這種感覺——冒著它會像恐懼一樣持續悶燒，最終完全爆發的風險。然而以非暴力抵制的代表人物聖雄甘地（Mahatma Gandhi）則在憤怒的力量中看見人民的機會，當他把好鬥又難管教的孫子阿倫（Arun）帶到自己的靜修所時，他對小男孩解釋說：「我很高興見到你會為這麼多事感到生氣。生氣是好的。我一直都很生氣。」[2]阿倫聽了感到不解：「我從未看見你發脾氣。」「因為我已經學會善用自己的怒氣，」甘地回答道，「憤怒之於人，一如汽油之於汽車，是能提供你前進、抵達更好地方所需的燃料。」

那麼憤怒究竟是什麼？從何而來？何時可成為推動向前的強力燃料？而何時又會失控爆發，造成毀滅呢？

以下座標圖提供了一個可以根據感受的強度和影響進行分類的簡易方法。

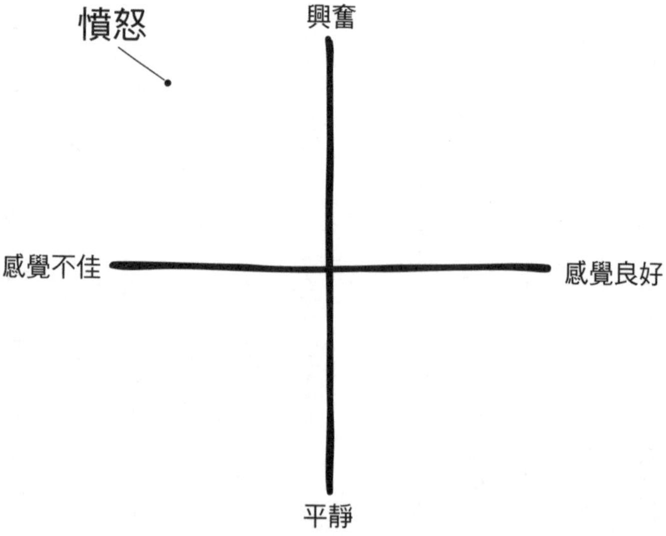

水平線的兩個端點分別是「感覺良好」與「感覺不佳」，代表的是一種感覺的「配價」（Valenz）：情緒帶給人的感覺越好，它在座標圖的位置越靠右。恐懼或無聊，就如憤怒一樣，讓人產生負面感受，所以落在左邊。

居中的垂直線描繪我們的激動程度，上下兩個端點分別是下方的「平靜」（低度激動）以及上方的「興奮」（高度激動）。當我們度假時，慵懶躺在躺椅上享受陽光並且打起瞌睡時，是一種美好的感覺，我們十分平靜——屬於右下象限的一個點。另一方面，在拉斯維加斯賭場的拉霸機贏得大獎，感覺既好又刺激，屬於右上象限的一個點。無聊讓我們感到不愉快，不過大多讓我們處於平靜狀態；恐懼可能更令人不舒服，見仁見智，所以有些人覺得刺激，有些則會嚇得動彈不得。我們可以用座標軸將情緒狀態以圖形方式描繪。那麼，我們該將憤怒放在哪個位置呢？大多數人可能會遠遠放在左上象限，因為憤怒讓我們感覺很糟糕，而且會讓我們很激動。但是事情沒有如此簡單，因為這個位置只代表了感覺的一個面向。

當我們遭受不公平待遇、壓迫、嘲笑或辱罵時，憤怒便油然而生。內心的激動程度會在這一刻上升，持續上升然後爆發，而大腦在憤怒爆發時似乎呈停擺狀態。「生氣時，內心先數到十再開口。非常生氣時，則數到一百。」這是美國前總統傑佛遜曾提出的建議，十分明智，卻難以執行。

因為憤怒，我們會脫口而出事後會後悔的話，甚至會因為一時衝動而有失手的可能。即便通常鐵面無私的德國刑法，也顧慮到憤怒會蒙蔽人的雙眼。如果受害者「激怒」了加害者，即便最後慘遭殺害，也會援引義憤之由減輕加害者的罰則。[3]人們推估，一旦憤怒高漲就很難再被控制，由它引發的事情超出理性範圍。

憤怒，它就像膝蓋骨下方受刺激所觸發的膝蓋反射（Kniereflex）一樣，是種對環境刺激的自動反應，因此被假定為所謂的基本情緒。由此，各文化、年齡、性別或背景的人理應都會以同樣的方式體驗並且表達憤怒，也就是放之四海而皆準的因果原則。當大腦中的「憤怒神經元」啟動時，我們的臉會漲紅，眉毛會擠往鼻子的方向，前額會形成一條深深的皺紋，即所謂的皺眉紋。我們不知道如何繼續思考，雙眼被憤怒蒙蔽——一種非常原始的狀態。一旦失控，就真的變成名副其實的猴子。但是，正如前文所述，事情並非如此簡單。有一位女士多年來用盡各式科學手段，對憤怒有了新的認識。

麗莎・費德曼・巴瑞特（Lisa Feldman Barrett）是美國東北大學的心理學教授。她總喜歡在演講開場時，展示一張放大的女性臉孔。[4]觀眾看見影像上的女人淚流滿面、齜牙咧嘴、顰眉蹙額，難免認為這名女性一定是遭遇了不好的事情。女人的臉上充滿了憤怒、絕望與痛苦。接著費德曼・巴瑞特教授展示照片的全貌，那是網球選手小威廉絲（Serena Williams）擊敗姊姊贏得美國網球公開賽決賽後，欣喜若狂尖叫的模樣。也就是說，人們看到了兩種截然不同的心理狀態，而且是無法單憑臉部表情就能夠清楚識別的。

過去的幾十年裡，許多研究人員，也包括教授團隊的一些成員，到過地球上最偏遠的角落，向各個來自長期與外界文化隔離的人們展示憤怒面孔的照片。研究結果顯示，無論是位於厄瓜多的舒爾人（Shuar）、巴布亞紐幾內亞的福爾人（Fore）、坦尚尼亞的哈扎人（Hadza）或是美國人和歐洲人，在表達憤怒時出人意料地多元。[5]「彼此間沒有共識。」費德曼・巴瑞特教授如此告訴我。雖然存在某種程度的一致性（尤其是同文化間），但缺乏明確的模式。[6]當人們用電極量測受試者在不同情緒時的面部肌肉時，也有相同的情形，[7]測量的結果顯示其中有差異，而非一致！

同樣情形也出現在生理反應。研究人員總結四項大數據的後設分析（Metaanalyse）結果，無法找到確定與憤怒相關的明顯生理模式，從而有效地與其他五種所謂的基本情緒（厭惡、喜悅、恐懼、驚訝或悲傷）區分開來。[8]讀到這裡，你可能心想：等等，恐懼與憤怒或快樂感覺起來截然不同。的確！它們的感覺是不同，然而人們表達感受的方式有很大的差異，因此在解讀時十分容易產生誤解。一張鮮紅的臉既可以表示恐懼、羞恥和憤怒，也可以是贏得網球比賽時無比喜悅的表示。而且大腦中也不存在任何所謂的「憤怒中心」。費德曼．巴瑞特教授和她的研究團隊檢視了過去二十年來對憤怒和其他基本情緒的所有神經學研究，大約是以一千三百名測試對象做出的一百份學術發表。「大體而言，我們尚未在大腦裡發現任何一個對應某種情緒的區塊。」費德曼．巴瑞特寫道。[9]所以當憤怒爆發時，大腦中不存在任何一個一旦被觸發則立即採取行動的憤怒中心。綜合以上這些新見解可以發現，憤怒顯然不是一成不變的直接反射。相反的，憤怒是個人化，且多面向的。

即使在古希臘時期，人們也懷疑憤怒是否均分在每個人身上，[10]只有那些特別容易失控的人才會有易怒的氣質（cholerisches Temperament）。我們都認識脾氣暴躁的人。

此外，偏見也有推波助瀾的功能。許多人誤以為憤怒是男性專屬，但從統計數據來看，男性與女性發怒的頻率相同，而且憤怒性格在兩者的比例也差不多。[13] 然而，當受試者被要求想像一張憤怒表情的臉孔時，無論男女，大多浮現男性臉孔。[14] 大腦要識別一張憤怒的臉屬於女性，所需的平均時間較長；[15] 但是辨別憤怒男性則更快。彷彿女人臉上不可能存在怒火，所以我們的大腦糊塗了，不得不多「打量」一會兒，而且就連小孩都學到這點。美國心理學家潘美拉．柯爾（Pamela Cole）在一項研究中表明，平均而言，母親（未觀察父親）對兒子的憤怒做出積極反應的次數是對女兒的兩倍。[16] 柯爾還發現，母親對女兒的正面情緒的反應次數，是對其憤怒情緒的五倍。也就是說，當小莉高興歡呼時，她會得到母親的關懷；可是當她生氣時，則會被忽略，因為生氣是不恰當的。兒子則不同，母親也會對他們的憤怒做出反應。然而小恩無論散發喜悅還是爆發憤怒，都同樣會受到關注。女性與男性憤怒的頻率大致相同，但社會大眾期望女性不要表現出來。幾個世紀以來，「歇斯底里」被認為是女性「獨有」的精神疾病，並且認為是可治癒的，例如，藉由會震動的情趣用品進行感官刺激。[17] 許多如緊張、易怒或是暴走都被包裹在這個專有名詞裡，有這些症狀的女性會被診斷為精神病患者，但男性則不會被注意到。這種理解直到現在仍產生危險的後果，因為人們必須吞下社會無法接受的情緒，而那對心理是種災難。例如，已有研究顯示抑制憤怒與憂鬱、對疼痛敏感性的增加以及（女性的）高血壓之間有一定的關係。[18]史丹佛大學的一項實驗中，受試者被要求在談話中主動壓抑個人情緒。這在整個對話過程中引起壓力與摩擦，同時也影響兩位受測人員。[19]

一個會讓所有人生氣的模式並不存在。費德曼・巴瑞特在談話中明確指出：「基本情緒的概念不適用此處，所有的數據都無法支持這個立論。」恐懼不止一種，而厭惡、喜悅、驚訝以及悲傷也以非常不同的方式表達，憤怒也是。憤怒是一種普遍體驗，所有人都會以相同方式經歷的看法，是禁不起科學檢驗的。為了適當處理憤怒，我們需要找出適合個人的方式。科學界有個新方法，即所謂的「情緒粒度」（Emotional Granularity），可在此有所助益。這術語聽起來很陌生，但是，當我們進一步了解紅色的概念時，個中道理隨即顯而易見。

孟克（Edvard Munch）的作品〈吶喊〉（Der Schrei）描繪出一個張大嘴巴的人，站在外行人可能會簡化描述為紅色的地平線前。而藝術鑑賞家則會看出那完美調和了美利奴紅（Merinorot）、深紅（Purpur）、珍珠粉紅（Perlrosa）、硃砂（Zinnober）、赭紅（Terrakotta）以及提香紅（Tizian）。所以它是由不同深淺的紅色巧妙組合成的一個整體。

憤怒的色調至少和紅色一樣多——有時火紅般地憤怒、暴怒或盛怒；有時暗紅般地怨懟、悶悶不樂與不滿。「我很生氣」這樣的說法，含括的訊息與描述「天空是紅色的」一樣簡略。而情緒粒度代表仔細觀察並更準確地命名自己的感受，宛如將色調分解成顆粒。如果我們現在將這些不同憤怒的色調放在座標圖上，憤怒很明顯不會只是左上象限的一個點，而是幾十個

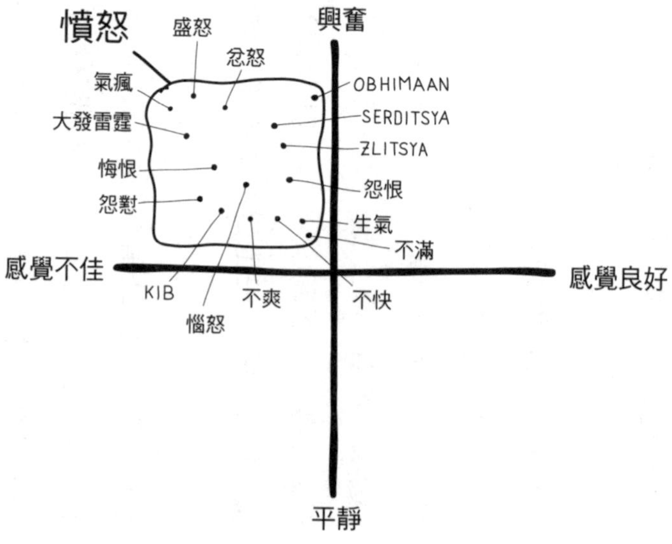

點的總稱，就如紅色是幾十種紅的總稱一樣。

如果我們將不同語言中表示憤怒的詞放在一起，那麼「憤怒色調」的多樣性似乎無窮。[20]俄語中，對人的憤怒（Serditsya）與對政治局勢的一般憤怒（Zlitsya）有所區別。而中文除了一般的憤怒之外，還有針對自己的憤怒——悔恨，就是一旦做了不可原諒的事情，就會產生的一種厭惡以及遺憾的混合物。在泰國有七種憤怒，而印度則是名副其實的憤怒寶庫。

加州大學柏克萊分校的語言學教授阿布傑特·保羅（Abhijeet Paul）對我描述了一種憤怒的形式，字面的意思是「茄子掉進油鍋的那一刻」，形容的是當我們遇到讓自己十分惱火之事時，怒髮衝冠的那個瞬間。當一個印度男人被自己的愛人激怒時，他會用到「Obhimaan」這個字，就是氣到想殺了對方，可是卻又有深厚的感情。當我小時候被弟弟惹到不行時，當時的感覺可說是「Obhimaan」——氣到吐血，但同時又充滿憐愛。在與保羅教授討論之前，我還真找不到適合的字眼來描述這種矛盾的感覺。

費德曼·巴瑞特教授為了闡明情緒粒度的含義，建議假設我們只有「棒透了」以及「糟糕透頂」這兩個形容詞可以用來描述情緒，也就是只能用非黑即白的單一對比來描述個人的感受或是他人的狀態。我們會發現，只有像與「棒透了」有細微差別的描述，諸如愉悅、滿足、放鬆、興奮、鼓舞、自豪或是感激；以及與「糟糕透頂」微微不同的氣憤、丟臉、無助、震驚、悲傷、鬱悶或是懊悔等字眼，才能表達我們的情緒。[21]我們可以借助情緒粒度，幫助自己更能區分辨別自己正在憤怒以及如何面對處理。

費德曼．巴瑞特在她首批研究中證明了，能夠準確區分負面情緒的人可以更靈活地處理負面情緒，並使用更有效的策略防範失控。[22]像憤怒這樣的統稱通常隱藏著截然不同的情感成分，例如惱羞、害怕失敗或是無助。我們以為「我很生氣」，但是仔細觀察後就會發現只是覺得被冒犯或是感到羞愧，距離暴怒到將東西砸個稀爛還有段距離。

所以，首先要為自己的憤怒找到合適的詞，我們可以藉由語言找到情緒粒度。一項針對六十二所美國學校的研究有了以下的發現：[23]孩童在每週三十分鐘的訓練課程裡，學習了一系列單字，以便能更準確表達自己的感受。效果十分顯著！他們的社交行為和學業成績都比未受過訓練的孩童還要進步。孩子們在遊戲中學習了描述自己情感世界的新單字，並且遊刃有餘。

二〇一二年有一個研究小組在針對日記的研究中發現，那些仔細觀察並能分辨自己的憤怒的人，相較那些「感覺」不那麼準確者，較不會被激怒，也較不具攻擊性。[24]研究還顯示，患有憂鬱症或社交恐懼症的人描述憤怒等負面情緒的精準度低於平均。[25]當我們為事物命名時，才會開始理解它們。我們也可以像畫家一樣為了善用顏色而學習辨別顏色之間最細微的差異，精進自己在憤怒調色盤上的命名能力。

它有助於擴大我們的詞彙量，以探索自己憤怒光譜上的細微差別。我們可以從書籍、詩歌讀到能表達或說明自己真實感受到的字詞，或甚至是由自己創造出來。費德曼．巴瑞特教授推薦尤金尼德斯（**Jeffrey Eugenides**）普立茲小說獎獲獎作品《中性》（*Middlesex*），因為書中提供了迷人的見解，例如「從中年開始對鏡子的厭惡」，「當自己與幻想對象上床時感到的失望」或是「上了難吃餐館引發的沮喪」。我們可以從這些句子汲取靈感，開始建立我們自己的文字圖像來梳理我們的憤怒（以及其他感受）：「當自己被一個心愛的人挑釁時感到的憤怒」，我們從此可以稱之為「**Obhimaan**」。另一個文字圖像，也許無須命名，可以是針對一個物品的憤怒，比如一個無法撕開的塑膠包裝。

一旦我們學會更加理解自己的憤怒，就更容易同情他人的憤怒，並對他們的感受做出回應，該是安撫對方、與對方談判、爭論還是乾脆掉頭而去？我現在知道，如果有人在我面前表現出印度式的「茄子憤怒」時該如何反應——就是什麼也不做！因為它來得快也去得快。如果我對自己愛的人生氣時，我現在有「Obhimaan」來形容。有時，光是又愛又氣的混合想法就足以轉移怒氣，因為我會意識到自己對對方的情感有多深，而那會緩和我的反應。另一方面，如果我因為爭執或是感到被侮辱而累積多日的怨懟，那我會試著尋求對話，因為我知道這是擺脫這類憤怒的唯一方法。我們越常練習分辨和命名細微、不同的憤怒，就越能理解自己與他人。

這種練習還有另一個好處，就是讓我們面對、處理感覺。壓抑的憤怒就像人際關係齒輪中的沙子一般，如果善於偽裝並隱藏好自己的情緒，別人就不會察覺自己的內心早已沸騰。如果自己不善隱藏，對方通常會感覺有些不對勁，然後提出「有什麼問題嗎？」等疑問。結果為了避免直接衝突，往往會反問：「哪有？」而不是氣憤地一五一十告狀：「對！我覺得你很過分，總是只顧著談自己的工作，對我過得如何完全不感興趣。」然而我們的感受並不會因為我們選擇不公開而消失。有時，被壓抑的憤怒會轉化成被動攻擊（passive Aggression）。為了讓對方覺得不對勁，選擇板著臉、不說話，或是嘲諷道：「你不是想減肥嗎？」抑或是反諷道：「以你的情況而言，算不錯啦！」

我們應該學會接受自己的憤怒並且能夠談論它，而且越早越好。當孩子在超市撒野或是在課堂上耍脾氣，光是訓斥對他們毫無幫助，反倒是坦然以對談論他的行為，並試著和他一起找出真實的感受，他就更容易分辨自己憤怒的原因。而大人也要相對給予自己憤怒的空間，這會讓孩子知道：憤怒並非禁忌。一旦我們理解自己的憤怒，不妨與他人分享。因為憤怒剛好能在短時間內提供大量訊息，是一種清楚的溝通。我們太常使用客套話掩飾個人的憤怒，直到它變得沒有意義。如果我們只會不斷將怒火往肚子裡吞，我們的上司、同事、伴侶或孩子又如何能注意到他們其實已經越過紅線了呢？

用一種健康的方式處理憤怒，無論對個人的內心或對他人都有幫助。而如何保持平衡至關重要。萊斯大學（Rice University）的研究人員在二〇一八年發現，在談判過程中表現衝動的人比那些驚慌失措或是毫無怒意的人來得出色。[26] 在談判桌上發脾氣的人令人反感，但是完全不表達任何不滿者，則會讓人覺得毫無生氣。我們要找出的正是中庸之道。對頂頭上司或孩子怒吼不大有效，一個明確的聲明，清楚表明你此刻的憤怒情緒，有助於相互理解。

為了正確拿捏，我們必須破除廣為流傳的宣洩理論（Katharsistheorie）。「Katharsis」源自希臘語，意為淨化。根據這個理論，唯有將憤怒宣洩而出，才能擺脫憤怒。在柏林有這類的宣洩坊，只要支付一百七十九歐元，店家就會提供你榔頭和斧頭，接著你可以用它們把裝潢好的房間砸到稀巴爛，以便完全釋放情緒。很棒的點子，不是嗎？

然而，認為透過這種方式就能擺脫憤怒的人，其實都錯了。俄亥俄州立大學教授布拉德·布什曼（Brad Bushman）多年來一直在研究憤怒與攻擊性。他曾在一個實驗中請學生寫一篇短文，並告知會由其他同學評鑑。[27]每篇短文的評論結果都一樣：糟糕透頂——寫得很差，毫無架構。最後還有手寫的結論：這是我讀過最糟糕的文章之一。

足以使人憤慨的情境。是時候進行真正的實驗！研究人員將學生隨機分成三組。第一組只能靜坐等待，什麼也不做。另外兩組則被允許使用拳擊反應球緩和情緒，而其中一組被要求想像他們之前在照片上看到的所謂的評鑑同學。

接著所有測試學生會被問及他們的憤怒，同時有機會透過耳機對那些所謂的評鑑同學播放噪音當作報復。

結果證明，最憤怒和最具攻擊性的人是打拳擊反應球且想像評鑑同學模樣的那組人。他們把難聽的噪音調得特別大聲，並展現前所未有的憤慨。「這就像提油救火。」布什曼教授告訴我，「當我們生氣時，無論是踹腳、吼叫還是咒罵，都會覺得爽快。超過百分之七十五的測試學生都想去打拳擊球。」他笑著解釋道。然而，他強烈建議不要這樣做。當我們感受到想要捶床拍枕、尖叫或在房間裡扔東西的衝動時，正是特別激動的時刻，人一旦順從這種衝動，只會讓自己的系統進一步惡化，將自己困在憤怒之中。

想要減緩激動，只能從「削弱身體的力量，使其無法維持精力充沛的狀態」的方向著手。在森林裡長時間慢跑或在健身房訓練到極限，不僅能讓我們感到虛脫，也對我們有好處。因為我們不會進一步滋養攻擊性，而是將激動與實際觸發因素分開，從而減輕壓力。重點是做到徹底地筋疲力竭，布什曼強調。

一般而言，無論是透過言語還是肢體的攻擊來發洩憤怒，只會助長憤怒。相反的，將自己從情境中抽離出來，從局外人的角度來觀察自己，反而有所幫助。就像蒼蠅從天花板上俯視我們以及那一刻般。二〇一二年有個實驗，對這個技巧進行了研究。[28]受試者在一項極度困難的測試中被刻意激怒，儘管受試者幾乎都喊破嗓子，他們仍被要求一次又一次大聲說出答案。經歷這段艱辛的過程後，部分受試者被要求回顧這段經歷，不過是從遠距離來看，就像是一隻停在天花板上的蒼蠅。這種心理上的距離，即所謂的「自我保持距離」（Selbstdistanz），果然發揮作用。那些被要求如此回顧的受試者，與對照組相比，他們的憤怒情緒與攻擊性的想法都較少。研究小組對此現象解釋說：「人們是從遠處觀看自己以及綜觀大局，而不是耽溺於受害者的角色。」

美國前總統傑佛遜建議的數數、腹式呼吸（不是只用胸腔）或是留意自己的感受，就像我們在處理恐懼時所了解的方式，都能有所幫助。憤怒究竟在何處？在手心、在肚子裡還是在背上？身體有任何完全靜止的部位嗎？這些策略是有極端特質憤怒人格者在治療過程中所學到的，但是也有助於其他人。

直到現在我還經常想起那位易怒的同事，而且我相信當年無論是他自己或是我們其他人都沒有好好正視這個情況。記憶中的他永遠忿忿不平——整張臉氣得紅通通的，沒有人試圖分辨其中的細微差別，畢竟憤怒這種突發情緒太嚇人了。當我在事後回想時使用情緒粒度去分辨，我看出了不同層次的憤怒。而且我現在敢肯定，他的憤怒背後隱藏著對於可能犯錯的恐懼，在其他時候，那更像是羞恥。他覺得自己的行為令人反感。

憤怒不僅是「超級激動」與「難過透頂」。其中藏著更多憤怒的好處，就是甘地對孫子阿倫提過的。幾十年來，有色人種始終壓抑著自己的憤怒，因為那是不被社會歡迎，甚至是危險的。喬治・弗洛伊德之死標誌了一條已被越過的紅線。正是這種憤怒驅使世界各地的數十萬人走上街頭。「我們已經受夠了結構性的種族主義。黑人的命也是命！」這不是為騷動辯護，而是憤怒清楚地表明某些事是錯誤的，並且對不公不義宣戰。無論是二十世紀初為了投票權不停奮鬥的女權主義者，或是不停抗議，最後從東德政權解放的公民，抑或是在舊金山的同性戀抗議活動——這些都是人們透過憤怒表明受夠了這些不公正的時刻。

它同樣適用個人面臨的小規模挑戰。如果我們與人吵架而懷恨在心，代表我們在意這段關係。憤怒是冷漠的對立面，因為對於我們毫無意義的事情是不會讓我們生氣的。當我們審視自己憤怒的所有色彩，並試圖了解它的來源、成分以及發出能量的方向時，它就可以成為發動引擎的燃料。憤怒向我們以及他人表明事有不妥。我們越能清楚分辨，就越容易找到擺脫不滿的方法。

如果有更多人能夠掌握情緒粒度的技巧，也許我們就不會常常互相激辯，而會傾聽更多。憤怒在我們的社會中臭名昭彰。然而藉由各式的研究，我們也對這種負面情緒有了新的認識。「憤怒是一種能量，它迫使我們定義何為正義的，何為不正義的。」甘地在靜修所如此教導孫子阿倫，「沒有它，你就沒有面對問題的動力。」29

憤怒本身不是問題，反倒是解決問題的第一步。

給大腦一帖黃龍湯

回歸健康的飢餓感

GELBE SUPPE FÜRS GEHIRN
Zurück zu einem gesunden Hunger

一個人的身體和靈魂，我對兩者皆給予高度關注，它們之間的關係就像外出服與襯裡：如果一邊出現皺痕，另一邊也會出現。

——勞倫斯・斯特恩（Laurence Sterne）

西元四世紀，中國醫生葛洪發現了一種奇特的靈丹妙藥，[1]它甚至可讓人起死回生。儘管這帖藥十分靈驗，問世不久即被收錄在著名的中醫急救手冊中❹，但幾乎沒有病患願意服用，即便療效高且價格低也難以說服，任何知曉藥物來源的人都感到噁心。為了掩飾來歷，這帖神藥很快被賦予了別稱「黃龍湯」。但即使是這招亦無濟於事，因為這藥的顏色是棕多於黃，聞起來也沒有湯的味道，而是臭氣沖天。於是葛洪的神藥再次消失於人們的視野，直到今日。近年來，黃龍湯在現代醫療意外地重新流行。如果研究結果能夠成功解密這神奇藥物令人難以置信的效果，可能有助於人們控制這個世界面臨的巨大挑戰：飢餓感。

時值正午，我走進車站裡的一家小超市，趕緊拿了瓶礦泉水以備途中飲用。從明斯特（Münster）到科隆（Köln）的火車車程為兩小時。我心想，既然人都到了超市，何不順便買點吃的？也許買些水果，比較健康。光是蘋果種類就達十種。還是買香蕉比較好呢？或者買杯香蕉冰沙？但那能飽腹嗎？就在那一刻，超市剛出爐的扭結麵包飄出誘人的氣味，吸引了我的注意。香氣撲鼻後，緩緩上升，直探大腦的腦迴處❺。此刻的我已垂涎三尺，肚子也嘰哩咕嚕地直叫。我餓了。這怎麼可能呢？就在三個小時前，我才享用了一頓豐盛的早餐。我的身體根本不需要任何食物，但我的腦袋卻發出「餓了！」的信號。

乍看之下，飢餓描述的似乎根本不是一種感覺，而是一種機制。我們的細胞需要能量，而這主要來自葡萄糖。一旦葡萄糖短缺，飢餓就會像車內的備用警示燈一樣提醒駕駛人該加油了。根據這種所謂的「定點理論」（Sollwerttheorie），一旦體內的可

❹ 譯注：《肘後備急方》。

❺ 譯注：大腦皮質中呈現隆起的部位。

用能量低於某個值，即需要補給時，就會感到飢餓。[2]我們的油箱空了，就會向大腦發送一條訊息。飢餓感會跳進腦裡，催促我們吃些東西。食物經過消化轉變為能量，然後提供身體使用，直到能量值再次低於目標值，同時飢餓感再次出現。如此簡單的、機械的因果關係，看似合乎邏輯，但卻是錯誤的。

因為根據定點理論，我們應該在油箱加滿的那一刻就停止進食。更重要的是，只有在未達目標值的情況下，我們才應該感到飢餓。儘管這種解釋仍然出現在許多教科書裡，但是在科學上卻已被認定過時。[3]飢餓感與其他情緒一樣很複雜，而且不會遵循固定模式。

二〇〇五年在美國有一項實驗，兩組受試者的面前都擺上一盤番茄湯。[4]其中一組在用餐時，他們的盤裡的湯會藉由桌下的一根軟管不斷補滿。結果，這一組比沒有補充的對照組平均多攝取了百分之七十三的分量。餐後，每位受試者都需要回覆自己吃了多少，以及感覺有多飽。

問卷評估顯示，實驗組確信自己沒有多吃，而且與對照組相比也沒有特別脹的感覺。也就是說，原來飽足感主要取決於他們盤內的分量，而非吸收的實際能量。

喝湯實驗只是眾多結果與定點理論不一致的實驗之一。如果在飯前或用餐時飲用高熱量的飲料，我們不會因此就吃得比較少，因為這杯飲料不僅能提供我們能量，有時甚至還包括更多其他的東西。[5] 和其他人一起用餐時，人們會多吃下大約百分之五十的食物，[6] 這樣的發現也更吻合我們的實際經驗。在超市時，即便才剛吃過早餐，而且身體的儲備能量肯定尚未耗盡，可是我的肚子還是嘰哩咕嚕叫。即便享用一頓大餐後，我們還會想吃草莓冰淇淋或是巧克力慕斯，而且之後可能還會吃點堅果或是油膩的洋芋片。當我們為旅途準備好零嘴，往往一坐上車、或是在火車或飛機上坐定時，就會拿出來吃。這種即使身體已經有足夠的可用能量，但仍有吃東西的慾望，有時會被稱為食慾、嘴饞或是好吃。然而實際上，我們只有一種飢餓，只是它具有不同的面向。這種飢餓是一種感覺。當我們感到飽足時，就不想再攝取額外的食物。而飢餓則是一種想要進食的慾望。

飢餓如所有其他感覺一樣，也包含了生理因素。當胃飽和時，就會停止飢餓的感覺。但是胃的填滿程度只是導致飢餓的眾多因素之一。如果我們將飢餓視為一種感覺，除了對身體補充營養有新的看法，同時也會獲得驚人的力量來強化我們的心理健康。因為飢餓主要是心理問題，若要處理這種經常被誤解的感覺，就得追溯根源。

人類的祖先以狩獵和採集為生，他們永遠無法確定何時會有下一餐，生存的關鍵在於把握任何吃東西的機會。如果他們剛好經過一叢成熟的漿果，就會藉機多吃一些，好預先為艱困時期儲備存量。如果達到目標值即抑制飢餓，那我們的祖先就無法預先儲備。

人類在演化過程中，必須發展出一種飢餓感，而這種感覺不僅依賴胃的飽和程度，還得能夠防止短缺。[7]直到今日我們依然按此原則運行。當我們缺乏能量時，會因餓而怒（hangry），[8]然後會立即產生飢餓感。相反的，它很難解除，有時我們實際上已經攝取足夠的能量，但它依然存在。這種正能量平衡，即攝取的能量多於消耗的能量，是在食物匱乏世界裡的一種安全保障，所以人類這個生命形式（Organismus）忍受了這樣的方式。但是，一旦我們「珍貴的」脂肪儲備受到攻擊，警報即會響起，因為這在過去曾是緊急情況的明顯標誌。早期人類對於找不到足夠食物的擔憂，由來已久且合理，所以這就是為何飢餓並非如定點理論那樣容易發揮作用。接下來，我們再看其中涉及多少種荷爾蒙，這一點就會變得清楚明瞭。

其中最著名的就是胰島素，它確保身體細胞能從血液中吸收糖分，從而降低血糖。最新研究顯示，這種荷爾蒙不僅會影響細胞的飽和感，還會直接影響大腦。[9] 除了胰島素，瘦體素（Leptin）也扮演了重要角色。[10] 它形成於體內的脂肪，並從那裡經由血液到達大腦的下視丘部位。這裡因為有足夠的儲備，所以發送訊息以抑制飢餓感。然而，如果我們長期處在儲備滿載的狀態下，下視丘就會習慣高劑量的瘦體素並出現抗性，然後瘦體素會失去飽和效應，於是在肥胖者身上不再產生抑制作用。[11]

今日科學家會從刺激（Anreiz）的角度來解釋飢餓。[12] 因此我們會被某些刺激誘惑而進食。葡萄糖過少，像一個空的能量罐，是引發飢餓感的誘因。長途跋涉後，我們會感到飢腸轆轆。但是，還有其他足以觸發或是讓飢餓感持續的無數刺激，像是 Instagram 的一張披薩照片、麵包店剛出爐麵包的香味、候機時的無聊或是失戀時的沮喪。有時我們感覺到餓，只是因為美食當前，就像去飯店自助餐吃到飽；或者只是因為辦公室時鐘的指針指向十二點，而我們總是在那個時間去用餐。這些例子不勝枚舉，重要的是，我們必須了解有各種不同的刺激可以引發飢餓感。食品業早就深知個中道理，並從各個管道故意影響我們的飢餓感。

電視廣告裡，義大利媽媽笑著將裝滿熱騰騰的番茄醬的鍋子放在方格桌巾上，上面撒了新鮮洋蔥和綠色羅勒。理性上，我們很清楚廣告上推銷的這種罐裝現成醬汁與傳統和優質食材一點也沾不上邊。但這對我們的飢餓感並不重要。它之所以發揮作用，是因為我們清楚記得醬汁的味道有多甜多濃。「飢餓的時候，你會完全變個人。」這是瑪氏（Mars）食品集團告訴我們的，而且推薦吃一條士力架巧克力棒，使情緒平息。多麼荒謬的想法。一條基本上只用糖做成的巧克力棒，對人體是種額外的負擔，而非放鬆的泉源。麥當勞利用展示在綠油油草地上吃草的肥牛來引發人們對漢堡的渴望，如果花點時間研究該公司的網站，就會發現一塊漢堡肉餅是由多達一百頭牛的肉混合而成的重組肉。[13] 麥當勞對人們強調銷售的是「百分之百純牛肉」做成的油炸肉排，這非謊言，但從動物運輸、屠宰以及最終的混合過程皆隻字不提。

食物不僅會被廣告推銷，而且經常被徹底加工改造。例如，魚排三明治裡的煙燻鮭魚往往不是正宗鮭魚，而是黃線狹鱈（Pollack），屬於鱈科（Dorsche），食品業將其更名推銷為「阿拉斯加鱈魚」。並使用食用色素胭脂紅A（一種由石油提煉而出的化學品），將狹鱈的白肉染成鮮豔的玫瑰紅色，以喚起人們對新鮮鮭魚的渴望。[14]我們的飢餓感不會知道這種食用色素可能有害健康，還有可能引發兒童過動症（ADHS）。[15]因此，二〇一五年時，德國的食品集團珀珀美味（Popp Feinkost）按照歐盟指南，在其阿拉斯加鱈魚醬的包裝上印了這樣的警語：「可能影響兒童的活動與注意力。」[16]一種由染色的非鮭魚製成的麵包塗醬，用的不是真正的鮭魚，卻有影響兒童身心之虞，這就是二十一世紀所謂的「食品」。

即便我們自認安全，其實也不然。在演化的過程中，我們了解水果的甜度代表多種維生素以及熟度，這就是為何我們特別喜歡甘甜的水果，例如粉紅佳人這個蘋果品種。一天一蘋果，醫生遠離我——已經過時了。綠色和平組織（Greenpeace）就曾示警，粉紅佳人所含的多酚（Polyphenole）較原始品種少了許多。[17]多酚是水果抵禦害蟲的天然防禦機制，同時保護人們免於過敏並增強免疫力。但是它會讓果肉較快變褐色，而褐色的蘋果是不具賣相的。於是採取噴灑殺蟲劑來取代原有的天然防禦機制，而人們在購買蘋果時不會看到殘留的殺蟲劑。[18]因此，最終我們咬下的蘋果是精心設計過的產品，完全命中我們的飢餓感，兼具甜味與色澤這兩大強烈誘因。

在包裝的正面，麥田搖曳、乳牛在草地上吃草，鮭魚排呈現出玫瑰紅的光彩；包裝背面的清單則由難以辨認的小字和神祕的縮寫組成，隱藏著內含飽和脂肪、增味劑和色素的事實。上述提及的產品只是隨機範例，還有許多食品都是如此。我們創造了一個世界，在這個世界中，我們吃的大部分食物都是製造廠商利用人們易受煽動的飢餓感而製造的成品。

我們已經實現了過去數個世代的人的夢想——擁有豐富的食物：每年有十三億噸的食物被扔棄，占所有糧食產量的三分之一。[19]但是這個富饒世界並未讓我們幸福健康，反而讓我們生病。有史以來，死於肥胖的人數首次超過死於營養不良的，[20]而且這不再只是富裕的工業國家才有的問題。從一九七五年到二〇一六年，全球肥胖人數增加了兩倍。二〇一六年，百分之三十九的成年人超重。二〇一九年時，全球大約一半的肥胖兒童生活在亞洲，而且自二〇〇〇年以來，非洲的肥胖兒童人數也翻了一倍。這形成一種很荒謬的情況——市區裡，「拯救飢荒」的海報掛在健身房旁邊，海報上出現的是瘦骨嶙峋的幼童；而健身房的廣告則是邀請大家以每月十九．九歐元的價格，在跑步機上燃燒多餘的脂肪。地球上有六．九億人仍因食物短缺而飽受飢餓凌虐，每十秒鐘就有一個孩童因熱量攝取不足而死亡。[21] 對於這些人而言，飢餓同時是一種攸關存亡、害怕會餓死的情緒。第二次世界大戰時，對於中歐的人而言，飢餓仍然代表因為吃不飽而死的恐懼。飢荒在過去是常態，一次又一次地影響大多數人。而今日的情況正好相反，大多數人生活在食物「過剩」的國度。而我們的飢餓感並非為此設計。

越來越多人無法制止自己的飢餓，他們吃得太多，以至於死於脂肪肝、糖尿病或高血壓。極端的反例則是病態壓抑飢餓感的人，過去十年當中，因為厭食症而住院治療的患者人數增加了三成。[22] 儘管他們的人數與過重的人相比，只占少數。但這兩種現象都告訴我們，我們古老的飢餓感在一個缺乏自然界界限的世界裡有多難應對。即便對於體重正常的人而言，飢餓與進食也經常是一個不間斷的課題。近半的女孩和五分之一的男孩在十五歲時認為自己太胖，儘管他們的體重是正常的。超過一半的女孩在青少年時就已經嘗試過節食，其中四分之一的女孩曾多次嘗試。[23]

如今，如何處理食物變成一種挑戰。我們每天都要做出兩百多個與食物及攝取量相關的決定——[24]該在咖啡中加糖還是代糖？該喝優酪乳嗎？今天員工餐廳的伙食如何？還是寧願和同事去速食店？

大多數人都明白健康飲食的重要性。根據二〇一九年的一項調查顯示，九成以上的德國人都認為健康飲食很重要。但在現實生活中，飢餓感讓我們難以吃得健康。我們撕開巧克力的包裝，看到上頭寫著「可重新密封」而暗自發笑。我們坐在沙發上，不停將手伸進洋芋片的袋子裡，直到空空如也；或是設法將洋芋片推到茶几的另一端，好讓我們的懶惰戰勝貪吃。在這個物資豐富的世界裡，飢餓不再是匱乏的警示，反而是引誘。

所以，我們時常會敵視飢餓感也就變得不足為奇，不過這主要與外表有關。當我們試圖抑制飢餓時，通常是希望肌膚亮麗或是肌肉更強壯。大多數人對自己的飢餓感到困擾的首要原因是為了體重，纖瘦被認為是美麗的，但飢餓讓我們難以實現這個理想，所以我們試圖用強制手段來控制。各種嚴格的飲食控制方法與日俱增，無論是原始人飲食法（Paleo）、鳳梨、白菜湯、低碳水化合物、阿特金斯（Atkins）塑身營養棒、蛋白質、間歇性斷食、體重觀察飲食法或排毒法，沒有一個詞不適合節食的概念。然而許多人最終出現溜溜球效應，很快就回到節食前那樣吃得不健康，理由是要不斷抗拒對脂肪、糖和鹽的食慾著實惱人。

◆◆◆

當我們試圖改變自己的飲食時，往往偏好立竿見影，忽視了飢餓作為一種感覺對我們心理的影響。這難道代表我們只能兩手一攤，屈服於飢餓以及各式誘惑？不！剛好相反。就如同面對其他感覺一樣，我們也可以學習應對飢餓的新方法。一旦意識到這種感覺主要取決於腸道與大腦之間無形的交互作用時，一切便能迎刃而解。黃龍湯的故事就是最佳的說明。

我們不清楚葛洪為什麼在一千七百多年前就萌生提供糞汁給腹瀉患者的想法。病人食用了健康者捐贈的糞汁——黃龍湯之後，腹瀉幾乎就會停止。今日，這個古老的神奇療法正流行興盛。當抗生素對抗腸道細菌無效時，醫院會使用捐贈的糞便。[25]這種療法十分成功，以至於現在有商業糞便銀行以一萬三千美元的年薪徵求強健的糞便捐贈者。[26]

人體不僅僅由人類組成，而醫學可以應用這一特點。

我們的體內和體表居住著三十八兆個微生物。[27]這代表相對著每個「人類」細胞上都寄居著一種外來生物。我們擁有一個由病毒、真菌和細菌組成的多彩動物園，而大部分以一個隱藏的集合體方式，作為微生物組（Mikrobiom）棲息在腸道中。它的成分因人而異，每次排便時都會排出這個動物園中的一部分。然後那些游移在馬桶裡的東西，經過處理後可以作為糞便捐贈提供給特定患者，因為從健康者腸道中引入的「新移民」，可以使病人的微生物群恢復平衡。[28]然而，一群規模還小、但持續穩定增加的研究人員認為黃龍湯裡肯定還有其他的力量。加拿大微生物學家艾瑪．愛倫維科（Emma Allen-Vercoe）是這群人的主要代表。她在二〇二〇年向我介紹了她正在進行的研究，分享的內容乍聽之下十分難以想像。

愛倫維科在圭爾夫大學（University of Guelph）的實驗室裡，有一個銀色裝置，裡面有無數軟管纏繞著試管和燒瓶。「Robo Gut」是這個裝置的名稱，產出完美的糞便是它的使命。如果你將人的糞便置入 Robo Gut，它能分離和繁殖某些微生物，這樣就可以從中濃縮成膠囊。這與黃龍湯的原理相同。不同之處在於由 Robo Gut 提煉的捐贈糞便不是用來治療腹瀉，而是為了療癒人類的心靈。愛倫維科教授和她的團隊正全力讓她們的 Robo Gut 腸道捐贈治療憂鬱症的專案獲得批准。「我知道這聽起來很瘋狂。」她承認道，但她堅信某些心理疾病是可以透過腸道治癒的。

憂鬱症患者通常會情緒低落、無精打采，還有一個典型的症狀就是飢餓感失調。有些人沒有食慾，撥著碗裡的食物，一口也吃不下；有些人則對甜食欲罷不能，暴飲暴食。為什麼有這些臨床表現的人可以藉由捐贈的糞便來治癒呢？一開始這個想法似乎很荒謬，但二〇一六年時，兩組來自愛爾蘭和中國的研究團隊分別利用動物實驗成功地「傳播」了憂鬱症。[29]實驗是在老鼠和田鼠身上進行的，牠們在無菌實驗室裡長大，所以身上與體內都沒有真菌、病毒和細菌。牠們的腸道中不存在微生物，直到被研究人員餵食了一小塊人類的糞便。這些糞便塊源自兩組人。一組老鼠吃了身心健康者的糞便，另一組則吃了憂鬱症患者的糞便。

幾天後，微生物的影響力顯現出來了。吃了「健康」糞便的老鼠毫無異樣，而食用了憂鬱組糞便的小老鼠則突然表現出典型的憂鬱行為，牠們變得焦慮，面對挑戰容易放棄，而且表現得無精打采。這裡展示了一個關鍵的循環。我們腸道裡的微生物會影響到我們的大腦。我們所吃的食物不僅滋養我們自己，還滋養了我們肚子裡的微生物群。

我們體內的生物會跟著我們一起吃，也會排泄物質，這些物質最終會輾轉到達我們大腦，它們會影響製造血清素、多巴胺、GABA（又稱γ－胺基丁酸）、乙醯膽鹼（Acetylcholin）和許多其他影響我們的情緒、睡眠以及精神力量的神經傳導物質（Botenstoffe）。[30]因此，我們有理由假設這些物質也會影響我們的飢餓感，好在我們決定飲食計畫時發表一些意見，畢竟飢餓感很大程度上決定了我們所吃的食物。[31]事實上，這兩組動物實驗也印證這一點。[32]就像小朋友想吃冰淇淋時會一直嚷嚷那樣，我們腸道裡的微生物也會想盡辦法贏得注意。最直接的途徑是迷走神經（Vagusnerv），它像一條穿過身體的數據高速公路，也將大腦連結到消化道。腸道中有神經細胞，幫助微生物透過這些迷走神經直接對大腦發送「我們餓了！」的信號。[33]除此之外，一些細菌能夠產生類似瘦體素（我們在前文了解到那可以作為飢餓煞車）的物質，表示「我們飽了！」。這些微小的生物也將地盤擴展到味覺上，如果研究人員在實驗室故意改變老鼠的微生物組，這些囓齒動物的舌頭上就會產生更多對甜食有反應的受體。[34]這背後的機制何以產生尚不清楚，但已經有一些研究顯示，微生物會影響牠們所棲息的大型生物的味覺以及口慾。[35]這可能代表我們喜愛的一些食物其實是棲息在腸道裡的微生物所喜歡的。

可以肯定的是，腸道和大腦之間的連繫遠比我們長期以來所假設得更為緊密。在科學界真正理解腸道微生物在我們人體中扮演的角色之前，也許需要借助黃龍湯等方法進行反覆試驗。但即使是最初的實驗，也揭示了許多新事證。

在二〇一七年進行的一項實驗，研究人員將憂鬱症患者隨機分為兩組。一組已採納建議調整飲食內容，包括大量攝取蔬果以及少量肉類，但要食用橄欖油以及堅果。[36]同時，他們要避免食用過度加工的食品，包括冷凍披薩、酥脆的麥片、香蕉奶昔或是人工醬料。而對照組則維持原來的飲食習慣，但有機會討論他們感興趣的話題，像是音樂和新聞，有些人則玩桌遊。總之，幫助他們創造正向但與養生無關的體驗。

僅僅十二週後，研究人員即看出兩組之間的明顯差異。採用營養飲食的組員，表示憂鬱症症狀有所減輕，他們的心情變得開朗，恐懼和焦慮狀態也和緩許多。這使我們對飢餓感有了一個新的理解。因為到目前為止，我們還不清楚什麼是餵養腸道微生物的最佳食物。但最初的研究指出了一個方向，那就是「多樣性」！[37] 數百種各式細菌都會吃東西，[38] 所以提供廣泛的食物，公平對待所有細菌，這是合理的。[39] 此外，愛倫維科教授還警告不要使用人工添加劑。[40] 那些讓咖哩變得秀色可餐的橙色人工色素，或是低熱量食品裡的代糖，食品加工廠獲准使用，因為它們被歸類為「穩定」的化合物，人體無法消化，即原封不動排泄掉。但並不表示這也適用於微生物，愛倫維科教授告訴我。牠們是非常複雜的生物，具有經過幾百萬年自成一格的複雜的消化機制。她警告說，有些「穩定」的物質會分解微生物，進而破壞牠們的功能。

一旦腸道中的微生物被不當餵養，牠們就會罷工，糟糕時甚至會死亡。腸道裡的平衡狀態會失衡。這尤其會發生在面對巨大壓力的時候，當工作、日常生活與家庭讓我們不堪負荷，我們通常不會花時間去處理飢餓的問題，而是以囫圇吞棗取代細嚼慢嚥，或者乾脆廢寢忘食。我們允許自己在辦公室裡多吃一點巧克力，因為我們稱其為撫慰心靈的食糧，或者試著藉我們自認「應得的」油膩披薩來改善情緒。大量證據顯示，當我們像繼母般虧待飢餓時，最受影響的莫過於微生物群。[41]「當政府機關建議我們每天吃五份蔬果時，我們會翻白眼。[42]但是想像一下，可能是腸道中的微生物因為需要這些物質而拜託你。」愛倫維科若有所思地說道。

「你吃什麼，就像什麼。」這句俗諺一語道盡腸道與心靈之間的密切交互作用——食物連結了身體與靈魂。傷感時，我們的胃會感到糾結，對於無法解釋的預感，德文稱為「肚子的感覺」（Bauchgefühl）❻。我意識到，自己一次次感受到的飢餓感對我的心理健康影響甚鉅，而且脣齒相依。這顯示了關心我們的飢餓感有多麼值得，不應該放任這種感覺，更不應該讓食品工業掌握主導地位。

❻譯注：即直覺。

我們能做什麼？只關注自然發生的飢餓感？吃喜愛的食物，直到有飽足感？這是時下經常讀到的流行建議，但我們已經看到飢餓感會被各式誘因愚弄的許多例子。這值得進一步探討，因為感覺是可以讓人理性面對以及質疑的。

當你的肚子在嘰哩咕嚕叫時，以及當你被五顏六色的包裝或誘人的氣味吸引時，只要你還記得刺激理論，就可以自問「為什麼我正好現在覺得餓？」洋芋片在對我招手，是因為它們在桌上離我太近？是不是超市剛出爐麵包的味道引誘了我呢？或許我的「我餓了」，代表的其實是「我失戀了，我想要讓自己覺得好一點」，又或是「我好無聊，需要找個事情打發時間」。

想要應付飢餓，首先要排除外部觸發機制。兩組大學生被要求烹調義大利麵，一組獲得裝滿四百五十公克的包裝，另一組則是九百公克半滿的包裝，結果前一組學生比後一組少用了百分之二十九的分量。[43]相同分量的義大利麵，只是包裝尺寸不同，就會導致拿得更多。在我們所處的社會裡，食物變得越來越豐富，分量也不斷加大。研究人員分析了過去一千年來各家繪製的〈最後的晚餐〉畫作，結果顯示，即使是耶穌的餐盤也裝得越來越豐盛。[44]

人們很難抗拒加價升級餐點到超大分量，因為我們已經習慣享用大分量，否則會有錯過占便宜的機會而不爽的感覺。我們應該盡可能自己決定分量。食物一旦被放在碗盤裡，包裝的尺寸就會主導分量。

此外，飢餓是有「學習」能力的。當我們吃壞肚子而嘔吐時，身體會立刻記取教訓，日後再看到那個食物時，我們的飢餓感就會變成噁心。反之亦然。我認識一些人，他們在決定吃素的初期很難想像無肉飲食，但是過了一段時間後，反倒覺得難以想像有一天會再想吃肉，他們變得對肉毫無胃口。新的飲食習慣導致飢餓感也產生了變化。

如果餵食實驗室老鼠維生素B_1含量太低的食物，牠們就會懂得避免食用這種食物，[45]老鼠似乎能感覺到自己體內缺乏某些東西。假使老鼠在營養不良後可以選擇分別含有與不含維生素B_1的食物，牠們會優先選擇含有的。接續的實驗中，研究人員將可選用的食物從兩種提高到十種，[46]結果只有極少數的老鼠找到能彌補牠們所缺乏之維生素的健康選擇。供過於求的結果就是老鼠反而失去判斷的能力。

在人類的祖先生存的環境裡，所有感官都被用來從少數食物中進行選擇。我們的祖先在做出決定前，會先檢查、觸摸以及嗅聞。如今更難了，因為我們不能在超市裡撕開冷凍雞塊的包裝來聞一聞，也不能用肉眼判斷「粉紅佳人蘋果」可能不如其他品種健康。然而，我們能做的是翻到包裝背面，閱讀那些印得小小的成分說明。我們可以根據營養價值，做出更有意識的選擇。沒有人認識所有成分，但我們大多數人都知道過多的糖、鹽和脂肪是不健康的，而這幾點很容易藉由查看營養成分資訊來檢查。當我們在選購新的球鞋或是規劃度假旅遊時，往往花費數小時在網路搜尋相關資料，以便找出最佳選擇。我們何不把這些時間花在每天吃下肚的食物上呢？我們不必檢查所有的食物，因為通常我們購買的食品就是那幾樣。那麼，我們最喜歡的麵包抹醬或麥片裡含有什麼成分呢？

除此之外，我們還應該給自己的飢餓感一點時間。從現代戒除酒癮的治療方法發現，完全滴酒不沾是無法維持長久的。因此，他們的訓練旨在幫助戒酒者學習如何處理「復發」。將這個概念應用在處理自己的飢餓上，就好比故意規劃「作弊日」。我們經常在太短的時間內對自己有過高的期望，就像我們的下視丘需要時間適應過多的瘦體素一樣，它亦無法在一夜之間重新變得對此敏感。

如果我們經常吃得比預期還多，可以有意識地設定個人的飢餓規則。一份二〇〇七年發表的研究報告，調查一百四十五名來自芝加哥和巴黎的人如何應對他們的飢餓感。[47]結果發現，這兩組人在應對飢餓時都使用停止規則，只是彼此的規則略有差異。平均而言，較多的法國人表示，當他們感到飽時會停止進食，或是計畫留出一些「空間」來享用餐後甜點，他們就會停止進食。所以他們是傾聽自己的意見，然後做出了決定。而美國人則讓自己的飢餓感更加依賴外部機制，他們的停止規則是「當飲料喝完時，我就停止進食。」或是「當電視連續劇演完時，我就不吃了。」這項研究還顯示，肥胖的人更傾向將注意力放在外部機制。

如果我們有意識地設定內部的停止規則，而且是依照個人需求，就有機會吃得不只健康。

耐心地準備食物，聞聞食材的香氣，觸摸食材，掂一掂重並花時間好好品味，感受內心的飢餓，將注意力從外部轉移到內在。

飢餓是複雜的。只要在搜尋引擎輸入「營養指南」一詞，就會出現超過二十萬筆結果。人們在這個良莠不齊的建議叢林中，很容易迷失方向。所以最後我想分享一個研究結果，它對我尋找健康的飢餓感非常有用，更重要的是，它是一份簡單的指南。

在十九世紀中葉，時值英國維多利亞女王時代，當時居住於英格蘭偏遠地區、蘇格蘭群島和愛爾蘭西部的貧困農村人口，他們的預期壽命明顯很高。研究人員從當時的飲食問卷中得出結論，那可歸功於特定飲食。[48]這些與外界隔絕的地區提供了豐富的食物，當時不被認為特別美味，但我們現在知道它們含有豐富營養。相較於今日英國人，當時的人平均每天吃八到十份水果和蔬菜，而不是只有三份。他們攝取大量洋蔥和西洋菜（Brunnenkresse），因為很便宜。洋薑（Topinambur）很流行，因為容易栽種。胡蘿蔔、甜菜根（Rüben）、白菜、花椰菜、豆子、蘋果、李子和櫻桃都是當地食材，而且是以我們如今稱之為「有機」的方式種植。季節決定人們購買當令蔬果，而非甜度或外觀。乾果以及堅果取代糖果。肉是一種昂貴的商品，動物被屠宰時，各個部位（包括腦、肝和腎）都會上到餐桌。鹽不是從鹽罐往整鍋菜餚裡倒入，而是堆在盤子的邊緣，再用兩個指尖捏起精確調味。人們吃自己在海裡捕到的漁獲。

當然，回過頭來看，我們無法肯定地說，當時人們是因為飲食而活得更長、更健康。然而，目前的研究結果支持這個立論。大量的新鮮蔬果、堅果、魚、全麥產品、適量的肉類和少量的糖，對健康的好處是會直達我們的大腦。這就是為什麼我在購物、上餐館或是在火車站前的各式商家前會自問：「在維多利亞女王時代，一個鄉下人能吃到這個嗎？」這個問題有助於我選擇食物，尤其是當我還得考慮到住在我腸道中數百萬微生物的飢餓感時。不過偶爾「作弊」一天也無傷大雅，畢竟若連一天都不能放鬆，這也未免太強人所難！

悲心的兩面

來自自我關懷的動力

DIE ZWEI SEITEN DES TSEWA
Antrieb aus Selbstmitgefühl

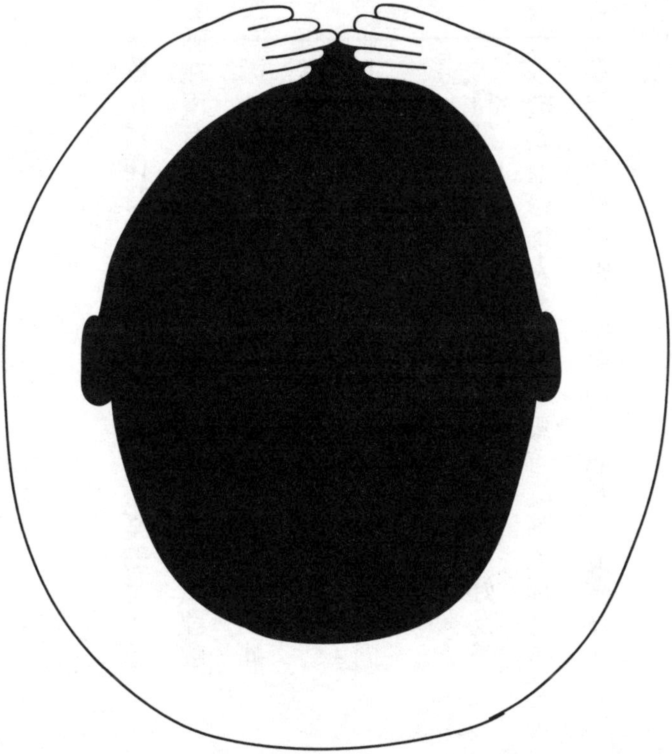

最後，就像上天一樣，忘記發生的事情，並連帶原諒自己吧！

——莎士比亞

德文是我小學時最喜歡的科目。我喜歡在寫作時恣意發揮想像力，不幸的是，這同時得犧牲拼字以及標點符號，導致老師在沒有句號和逗號的情況下，幾乎無法理解我的文章，所以總是給我低分。父母沒有因此責備我，而是讓我知道他們理解我的痛苦以及這些挫折帶給我的打擊有多大。每當我帶著滿江紅的德文考卷回家時，他們覺得幫我加油打氣是理所當然的事。他們並非故意淡化這個問題，而是接受、承認，同時也給我溫暖與鼓勵。他們表現出關懷。

今日，我對待自己在乎的朋友的方式，自然如同父母當年對我一般。如果好友考試不及格，我會試著幫他打氣，強調只有少數人通過，人有失手，馬有亂蹄，補考時一定會過。當朋友被男友甩了時，我會列舉她的種種優點，強調她不該被如此對待，而且視情況順便說說卡皮拉諾峽谷吊橋的故事。

對大多數人來說，當別人踉蹌倒地時，向他們伸出援手是很正常的事。我們會鼓勵、強調優點並散播樂觀情緒。我對關心的人表達關懷，感覺十分自然，除了對某個人以外。如果那個人失敗，我會嚴厲批評，並且不會吝於指責。我眼裡只有他的弱點和缺失，不會彰揚他的優點或是過往的成功。除了他，我不會如此貶低任何人。這個讓我如此無情對待的人，就是我自己。我有時會在我的父母和周圍的許多人身上觀察到十分相似的行為。當別人需要時，我們都在；但是當「我們」自己處於谷底時，卻反而對自己變得嚴厲，還會多踩兩腳，在心裡責怪自己。

計畫失敗，考試不及格，我們不僅會自我切割，同時還會把自己視為敵人。我們批評自己學得不夠紮實，過於懈怠，表現差強人意。我們只會往上比較，眼中都是其他的成功人士，自己相較之下顯得更糟。突然間，問題不再是我們的行為，而是我們整個人。「你什麼都不會，根本就是魯蛇一條，這輩子大概都一事無成。」批評很快地變得漫無邊際，就像打翻的玻璃杯裡的水一樣流向四面八方。我們在A點失敗，然後意識到自己在B點看起來也很糟糕，對於C點一竅不通，甚至連D點也不需要嘗試。一個計畫失敗，結果開始數落身材太胖，職業低賤，甚至連伴侶都不是正確選擇。

我們可以從自身經驗得知，能在朋友遇到挫折或困難時，幫助他們重新振作或至少支持他們，是多麼難能可貴。當我們在意的人遇到挫折時，我們永遠不會想要對他落井下石。我們不會對有急難的朋友當頭棒喝「你這個窩囊廢！」。因為我們很清楚那不僅無濟於事，反而造成傷害。那為何我們對自己卻如此狠心呢？為什麼我們面對自己或好友的失敗，處理方式卻大相逕庭？為什麼不以仁慈以及關懷之心對待自己呢？一個我們最了解的人，他的幸福對我們意義重大，但是當他跌倒時，我們卻還對他拳打腳踢。

當我們在尋求解決這種矛盾的自我對待方式時，一個在德國可能鮮為人知的詞能提供指引：Tsewa。它是藏語，意思是悲心。但是與我們所知的關懷不同，Tsewa 有兩個方向，在藏傳佛教的文化裡，這個詞表達了對他人和對自己的關懷。[1] 所以直譯過來，Tsewa 的意思是關懷以及自我關懷（Selbstmitgefühl）。這裡我們會清楚發現，在今日德國文化中，這似乎是個很奇怪的想法，我們不認識自我關懷這個詞，也不存在德文字典裡，聽起來不大順，唸起來很拗口。

人為什麼要能感覺自己的感受？當我們失敗時，會感到悲傷或憤怒。為什麼在那片刻還需要再一個層級的感受——一種關於我們感受的感覺？這聽起來好奇怪。但是，當我們回想前面章節提到的恐懼，對恐懼的害怕，因為擔憂自己的恐懼而產生的恐慌，正是這種模式。就像憂鬱症患者的情況一樣，他們會因為自己心情低落而自責，或者，（往正向發展），我們會對一早感到精神飽滿，覺得滿足，還是會對浪漫的愛情感到動容。我們經常評價個人感受，進而引發另一種感受。儘管看起來很奇怪，但我們有能力去產生對自己的關懷。最簡單的方法就是看看我們熟悉的悲心的其中一面——對他人的關懷。

即使是一歲寶寶也會試圖安慰悲傷的人。[2]當嬰孩還未能正常走路或說話時，就有為彼此存在的傾向。關懷顯然是人類基本素養之一。這裡談的不是帶有距離感的「哦，你好可憐！」，那會是一種憐憫，通常是不自覺地由上往下的視角，我們自認高於對方，並將自己的處境評價為較好者。

而關懷則相對是發生在一樣的視線高度。在拉丁文中，帶有關懷意思的字是「compati」，是由 com 和 pati 組成，而 com 表示「一起」，pati 則表示「受某些苦難」。這就是其與同理心或憐憫的區別，關懷是更進一步，會有想幫忙的衝動！當我們關懷一個人時，我們會關心，同時有減輕對方痛苦的動力，因為我們確實與他們感同身受。因此，當我們所愛的人情緒低落時，溫暖、樂觀以及相助的感覺會從內心油然而生。自我關懷無非就是像對待他人一樣對待自己。

心理學教授克莉絲汀·娜芙（Kristin Neff）被視為該領域的先驅。[3]透過她設計的問卷，自我關懷首次得以在科學研究中進行調查與檢驗。[4]她提出自我關懷包含三個核心組成部分，每部分都涉及兩種相對的行為。[5]

第一個組成部分是對自我疼惜而不要自我批判。這裡需要能夠以理解、耐心與善意面對自己的錯誤。例如，問卷上的題目是「當我情緒低落時，我會盡量善待自己。」[6]同意這一說法者會以友好

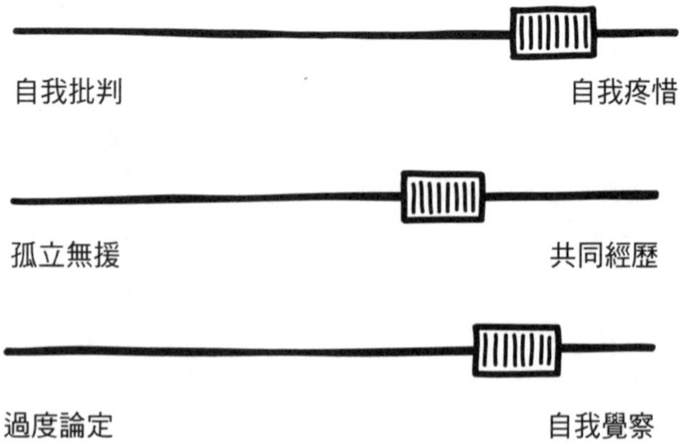

以及溫暖的態度面對。而傾向「當我感到痛苦時，我會對自己有點冷酷無情」說法的人，則表示具有自我批判的傾向，即缺乏同理心的態度。

第二個組成部分是將痛苦理解為生而為人必有的經歷，而非將其理解為區分自己與他人，並使自己孤立的東西。調查問卷對此的題目是「當事情不順遂時，我將這些困難視為每個人在人生道路上都會歷經的道路。」對照「當事情不順遂時，我會傾向認為大多數人可能都比我幸運。」對於會自我關懷的人而言，失敗是人人都熟悉的正常生活片段。然而，就我個人而言，我非常了解自己在失敗時刻感到多孤獨。

最後一個組成部分是自我覺察，而不要過度論定。我們之前曾多次討論到自我覺察，那是關於接受負面情緒而不加以評斷的意願。過度論定則相對會誇大問題，並過度沉溺於自己的想法，以至於盲目。「當我在重要事情遭遇到失敗時，我會盡量冷靜看待。」高度認同這個描述的人，基本上都會保持自我覺察。「當我情緒低落時，往往只會注意哪裡不對勁。」抱持這種想法的人，往往會陷入消極的態度。

因此，當我們認識到自己的苦痛，然後以友善、溫暖以及仁慈的態度對待自我，將失敗視為眾人皆會如此的經歷，並允許自己不加評斷地感受它時，即為對自我的關懷。佛教徒始終將此視為一個重要的能力。今天我們必須先認識 Tsewa 這個不為我們熟悉的一面。首要挑戰似乎是真正覺察自己的痛苦，這聽起來很荒謬，但我們往往是最後一個意識到自己實際上受到多大痛苦的人。我們高度科技化的世界是由理智主導的，我們必須竭盡全力保持控制。因此，失敗會自動激發分析模式——「怎麼會發生？為什麼會發生在我身上？該怎麼做才能解脫？」

當我們分析、思考並嘗試解決問題時，往往會忽略情緒上的創傷。[7]「當我們感覺受到威脅時，我們會選擇對抗、遁逃或是愣住不動當作回應。如果這個威脅源自我們內心，並以羞恥或憂慮等負面情緒的形式出現，我們也會做出同樣反應，攻擊自己。」哈佛醫學院的心理諮商師兼講師克里斯多弗·葛摩（Christopher Germer）如此描述整個反應背後的過程。「對抗就變成自我批判，遁逃成了孤立，而愣住不動成了進入無限低潮迴圈。」葛摩繼續說道。而自我關懷則恰巧相反，那代表承認而不是壓抑自己的痛苦。當我們面對自己的苦痛，難道不用擔心會陷入其中嗎？自我關懷不也很接近自憐嗎？

根據一份慢性病患者對話的科學分析顯示，自憐情緒與不公平的想法有密切關聯。

[8]「為什麼只有我，而不是其他人？」在一份對三百名德國大學生的研究中，可以看出自憐情緒與絕望、思想封閉以及消極等負面態度有關。[9]人們自視是命運之下可憐的犧牲品。難怪許多人將自憐視為是對問題極具破壞性的反應。[10]

一旦我們比較了這種陷入悲觀的想法與對自我關懷的定義，就會發現其中存在明顯差異。自憐時，只要說出「我很不好！」就馬上成為劇中主角。自憐的人渴望得到他人的關注，可是他人最終會感到厭煩而轉身離去，因為有建設性的想法通常是不被允許的，所以痛苦會持續存在。

自我關懷則相對代表保持平靜，不要成為劇中一角，而是站在觀眾的角度，冷靜地觀察自己的感受。研究結果也顯示，懂得自我關懷的人並不會蜷縮在自艾自憐的毛毯下。[11]自我關懷能力較強的人，一般而言，不大會糾結在消極思緒裡。記得，關懷是種行動。有同情心的人會願意幫忙。而樂於助人的意願既適用於他人，也適用於自己，這一點可以得到科學證明。娜芙於二〇〇五年對此進行了首批的研究。[12]

她趁德州大學公布上學期成績不久後，調查了兩百一十四名學生的身心狀況。學生針對自己的學習成果做了問卷，其中一百一十名表示十分不滿意，自認成績不理想。

娜芙進一步探究，發現所有感到失敗的人當中，那些在回答問卷前已被認定具備自我關懷能力的人，都為自己建構了強大的心理保護。首先，他們比較不會壓抑失敗感，會面對處理自己的糟糕表現，進而更快排除消極的想法。「那些在失敗時刻展現關懷者，無須否認、壓抑或是逃避任何事情——那些感受會被承認、接受以及處理，然後繼續前行。」娜芙解釋道。其次，能自我關懷的人傾向將個人的失敗視為成長以及從中學習的機會，它與自憐的差別在此變得更為清晰。失敗不會使人變得被動，而是成為一種刺激以及動力。這代表相較於傾向自我批判的學生，他們對成績不佳的課程仍然維持著較高的興趣。

以自我關懷的態度面對失敗，不僅對年輕人有益，對垂暮之年者似乎是最重要的課題。「我的同事去探望祖父母，發現他們倆面對老去的態度全然不同，」杜克大學社會心理學家馬克．利瑞告訴我。「爺爺很哀怨。他將思緒專注在自己再也辦不到的事情，或是自己又亂放鑰匙這類事。他把自己看得一無是處。而奶奶則相對接受變老一事。她的狀況時好時壞，糟的時候，她會泡杯茶，靜靜坐在沙發上，望著鳥兒。最重要的是，她善待自己。」我們常見有些老人隨著年齡增長會離群索居，每天只是不滿地盯著電視看；而另一群人則保持開放、充滿熱情，並且樂於生活。

利瑞和他的團隊想了解其中的差異是否與自我關懷有關，於是他們針對年齡介於六十七至九十歲的老人進行了一連串研究。如果受訪者身體健康，自我關懷與幸福感之間則不存在相關性。有趣的是，對於那些有病痛和健康問題的人而言，自我關懷強者明顯多了些安逸感，也更願意接受幫助，例如使用拐杖，或是當他們不理解意思時，會請對方重複。自我關懷明顯與老年人尋求幫助的意願有關。已有約十幾個類似研究的結果，指向同一個方向——老年時的自我關懷能減少憂鬱情緒以及焦慮，但又能提高對生活的樂趣以及滿足感。[13]

無論我們處於人生的哪個階段，自我關懷似乎都能導引我們前往更健康的方向。一份針對剛離婚不久者的談話評估顯示，自我關懷較強者比那些特別愛挑剔或陷入自憐的人能更快從分手的創傷恢復。[14]研究還顯示，曾經歷創傷的兒童與青少年中，給予自己多些關懷的人，不大會踏上酗酒之途或是企圖自殺，而且能更坦誠表達自己的負面情緒。[15]

對自我關懷，這個古老佛教理念現已得到科學證明，與能否成功應對如壓力、糖尿病、慢性疼痛、罹患重病或是暴飲暴食等各式挑戰有關。[16]以一種寬容的態度面對自我，在這些情況下有持續的正面影響。但是，當我們過度縱容自我時，我們的動機會產生什麼變化呢？我們難道不需要適度的自我批判以及嚴於律己來鞭策自己向前嗎？

利瑞是一位知名且廣受好評的心理學家，長年任教於世界頂尖大學，並為其領域做出重大貢獻。「我一直以為自己的成就歸功於嚴格的自我要求。大多數人從小就被教育要嚴以律己。」他這樣對我說，如今利瑞有不同的看法。「我意識到嚴厲的自我批判效果不彰，無法幫助自己把工作做得更好，只是讓我感覺更糟。」他這番話在我腦裡迴盪許久。利瑞可說是人生勝利組，他的成功減輕了他對自我嚴格要求的壓力。但是，對一個職場新鮮人或是還在奮鬥的人而言，情況又是如何呢？畢竟，我們還想有所作為，因此需要的是激勵而不是勸退。

當我開始探索這個課題時，我最擔心的是自我關懷會削弱我的鬥志。我以為，只有不斷自我鞭策才有可能成功。當騎士鞭笞賽馬時，牠才有機會打破記錄。成就以及成功需要一顆努力向上的心，必要時，還得對自己毫不留情。自我關懷聽起來有太多的縱容，不適合有決心與毅力的人。

人們不對自己表現出同情心的常見理由，是擔心自己會變得過於鬆懈。娜芙表示，許多人認為如果沒有持續自我批判，將會變得怠惰、把整桶冰淇淋吃光或是沉溺在電視機前。[17]由於這是一個讓許多人不安的想法，我們應該審慎看待。自我批判以及嚴以律己，真的如許多人所認為的是偉大動力嗎？

根據自我批判的研究顯示，對自我苛刻者會想要有所表現並達成目標。[18]他們追求所謂的成就目標，也就是以比較為主的表現目標（「我要比其他人強」），並致力於達到卓越的標準。然而，自我批判者也往往為此付出高昂代價。換句話說，他們眼中只看到競爭，而且逼自己要贏過每個人。此外，不斷地自我批判會蒙蔽自己的認知。[19]自我批判者會系統性地低估自己的表現與能力。如果沒有真正認識自己，就無法明白如何適性展才。自我批判者永遠不會知足，他們永遠自認不夠好。因此，科學能發現焦慮與憂鬱的關聯也不足為奇。

自我關懷的方式則不同。在加州大學柏克萊分校就職的茱莉亞娜．布萊納斯（Juliana Breines）和陳綺娥（Serena Chen），在二〇一二年針對「自我關懷對學生學習動機的影響」做了一系列的實驗。[20]測試對象必須完成一項困難的語言測試，無論他們的實際表現如何，每個人都會被通知成績不佳。測試組被引導自我關懷並寬容自己的失敗，對照組則被要求回想個人過去優秀表現。結果顯示，前者會比後者多投入百分之三十三的學習時間來準備、迎接下一次的類似考試。

在接下來的實驗中，受試同學被要求回想最近讓自己感到內疚以及後悔的事件。接著，隨機被分為三組。第一組針對個人的過失寫幾句關懷的友善句子。第二組則被要求寫一些關於自己的成功經歷。第三組，是純粹的對照組，他們被要求寫一些個人的興趣與愛好。實驗結果證明，第一組的人比其他兩組更有動力為自己的不當行為道歉，並努力不再重蹈覆轍。在做錯事之後以關懷的態度面對自我並且感到悔意，相當於減輕自己肩上的負擔，這能幫助我們減輕許多壓力，因為我們無須對自我懲罰以及過度嚴厲的自我批判感到擔憂。在生活中堅持不懈地批評來鞭策自我，以為這會對自己有益，但實際上是在削弱自己的力量。

自我關懷賦予我們動力，因為我們更能務實評估自己，不害怕自我鞭策，更願意對自己進行有建設性的努力。研究可能也表明，能自我關懷的人更容易戒菸、減肥和在需要時尋求醫療協助。[21]在一項實驗中，請澳洲婦女先看一些時尚雜誌裡的年輕模特兒的照片，照片上的她們都擁有鍛鍊過的苗條身材。[22]這些照片的下方都標記諸如「這個女人比我瘦」或是「我希望自己的身材也如此」的短語。當所有受試者看完照片後，部分的人會被要求練習自我關懷，方法是寫出幾句關於個人的體重、外表以及體型的善意字句，尤其是要抱持理解以及關懷的態度。實驗結果正如預期，她們對自己身體的看法與對照組相比較少負面。與此同時，她們更積極想要改善。所以自我關懷一方面能讓人從壓力中解放出來，另一方面還能激勵人心。自我批判的驅動力量是來自怕被懲罰的恐懼，而自我關懷則是比較健康的選擇。我們在經歷打擊後，重新獲得向前的動力，因為我們想要感覺更好。少了對失敗的恐懼，因為錯誤不僅被認為是難以避免的，而且可以是從中成長的機會。

長期以來，西方心理學忽略 Tsewa 這個來自東亞的概念。如今我們有無數的實驗與調查數據，這些都一再證實：自我關懷是有益的。[23]儘管如此，許多人仍然很難以仁慈、友好的態度對待自己，尤其是當他們遇到困難時。

我們對於腦中自我批判的聲音早已習以為常，以至於不會特別注意到。因此，我們首先該做的就是試著聆聽。是否有不斷重複的句子或思維模式？那個口吻是否讓我們想起過去曾對我們特別嚴厲的某個人？自我關懷意味著控制自動的批評。利瑞教授表示：「並不是要過度善待自己，重點是不要對自己太苛刻。」娜芙的看法更進一步，她建議，在無須自欺的狀況下用正向的角度重新詮釋事物。批評的聲音並無傷害之意，當它提醒我們過量的冰淇淋有害健康，以及失敗者通常不會被晉升時，只是希望我們盡力而為。

但是，無須說自己「蠢」、「肥」或是「弱」。我們習慣對他人表示關懷，這才是應該發展的方向。我們如何面對一個向我們傾訴煩惱的朋友？我們會問什麼？我們會如何建議？最重要的是，我們會用什麼語氣和他們說話？當我注意到自我批判又開始在腦海中盤旋時，我會問自己上述這些問題。我會試著把自己當成朋友，這種視角的轉換有助於我能對自己友善些，同時關懷自己。娜芙推薦了一些加強自我關懷的練習，例如，寫下那些曾經自責或過於嚴苛的事件，然後用寬容的想法重新詮釋；或者承受壓力時，將手放在心上，先讓自己平靜下來——這是一種經典的正念練習，目的是讓身體和心靈調和一致。

換個角度想，也許我們不需要積極練習自我關懷，只要我們能開始更仔細觀察如何對待自我就足夠了。是苛刻、一般甚至是友善？利瑞提到人人都可以為自己找到一個介於嚴厲與仁慈之間的「甜蜜點」。他告訴我：「無論你如何界定美好的生活，自我關懷都是不可或缺的組成要素。」「我不需要很強的自我關懷，只是不要過低。就好比健康，不用最佳，但也不想生病。」所以我們無須不斷提醒自己要自我關懷。當我們一切順遂時，就不需要。經由科學的見解，尤其是透過利瑞的提示，我慢慢體會到一個可以如此形容的變化：當我情緒低落時，我會努力善待自己，而不是倒打一耙。或者，至少對自己比過去更好些。如此我不止感覺更好，甚至覺得能進步。

「我會更老，」這位六十六歲的教授在道別時平靜地告訴我，「我不會對自己更友善，但也不會像以前那麼苛刻。我相信那才是最重要的。」如今我也堅信這點，我非常感謝利瑞教授讓我能以如此輕鬆的方式看到過去我所不知的 Tsewa 的那一面。

不合身的馬甲

哀悼的許多方式

EIN KORSETT, DAS NICHT PASST

Die vielen Wege unserer Trauer

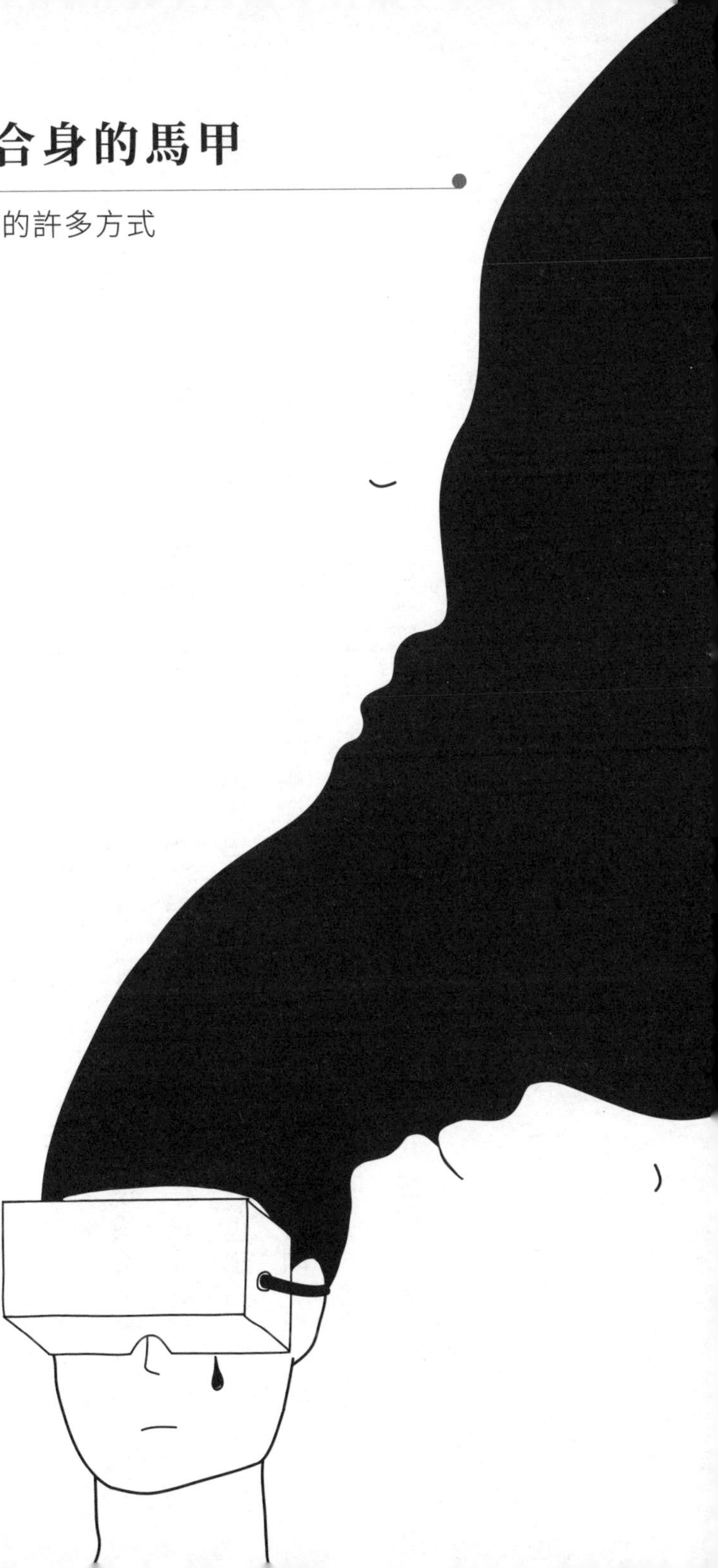

你看，哀悼是喪親者唯一的慰藉。

——羅伯特．哈默林（Robert Hamerling）

張女士難以置信地將視線游移徘徊在公園裡的山丘和樹木間。「妳在哪？」她在一片寂靜中小心地問道。突然，一位小女孩從木頭堆後方跑出來，雙眼閃閃發亮，喊道：「媽媽，妳去哪裡了？妳想我嗎？」張女士不禁潸然淚下，雖然已多年未見到女兒，但是她一眼就認出這個穿著自己最喜歡的紫色連身裙的小女孩。「媽媽也想妳，我的娜妍。」張女士蹲下身，伸出雙臂想要輕撫女兒的頭，就在這一瞬間，公園、風景和娜妍彷彿被突然施了魔法般消失了。張女士蹲在電視攝影棚的綠幕前哭泣，她戴著虛擬實境眼鏡以及布滿纜線和感應器的手套。我們回到了現實世界，在這個世界裡，娜妍已在三年前因血癌過世。

韓國文化廣播公司MBC為了拍攝紀錄片《遇見你》(*Meeting You*),動員一整個團隊以數位複製的形式「讓娜妍復活」。[1]電腦裡的女孩是依據她母親細膩的描述建構而出的,成果十分逼真,令人感到驚訝。女孩的頭髮隨風飄揚,裙子的皺褶與動作完美同步。透過觸感手套,張女士在觸摸她的數位女兒時還會感覺到阻力。她們在公園裡跑來跑去,如舊日那般玩耍,同時幫娜妍慶生。最後,活潑的娜妍笑著送給媽媽一朵白花,並且平靜地對她說:「媽媽,妳看,我不痛了。」然後躺在草坪上,安詳地睡著了。她的媽媽再度淚流滿面。

二〇二〇年初時張女士的故事轟動全球,已在網路上被評論上萬次。許多人無條件贊同她處理哀悼的方式,然而也有質疑之聲。有些人警告這種團聚對母親而言只有傷害,甚至有可能會導致她罹患憂鬱症。還有些人建議,張女士應該釋懷,以修補內心的損失。一位母親與死去的孩子重逢——這種經歷令人感到傷悲,但許多人似乎同時對此有自己的看法。對於有些人而言,將哀悼轉移到程式編寫的電腦世界裡,似乎對死者不敬。有些人認為哀悼是非常私密的事情,不應在電視上與大眾分享。

張女士的故事和眾人的反應表明，我們的社會似乎對於如何應對喪親之痛有既定看法。幾年前我也經歷過。我的拜把兄弟喬納森短時間內相繼失去姊姊和父親，不久之後我們就又開始去跑趴、露營還有夜泳。我既沒看見喬納森哭泣，也不覺得他有任何悲傷。喬納森和他們兩人的關係十分親近，所以我當時對於他似乎毫無悲慟感到十分錯愕，與我想像中痛失親人的反應非常不同。當我們的摯愛逝世時，終日啜泣、離群索居似乎再正常不過。所以我以為他會睜著哭紅的雙眼、臥床不起，謝絕出門與各式聚會才對。那時的我不想理解喬納森或是問他真實的狀況，倒是暗自慶幸他的生活似乎一切正常。

我們處理哀悼的方式往往生硬，尤其會特別迴避這部分的情感世界。光是想像警察上門通知父親出車禍、朋友滑雪意外喪命或是小孩有個三長兩短等場景，就讓人難以承受。但同一時間，我們對於喪親之痛後該有的行為舉止卻有著驚人的清晰想法。何以如此？為什麼我們幾乎不願思考哀悼這個議題，卻自認知道喪親者的進退依據？哀悼的方式有對錯之分嗎？

在許久以前，死亡是日常生活的一部分。歐洲在二十世紀初仍受瘟疫與戰爭肆虐，生活困頓，醫療資源匱乏。人們會死於盲腸炎，會從簡陋的鷹架摔落或是產後休養時喪失生命。十八世紀時，歐洲的父母平均會失去三到四個小孩。[2]因此，人們從小就必須不斷面臨不同的死亡面向。失去親人的痛楚可能如今日般強烈，但含義不同，它比較不會被視為個人悲劇。再加上，他們往往有某種虔誠的宗教信仰，並且相信死後的世界通常會更美好。而各種儀式也予以他們力量。二〇二〇年初，人們在伊拉克北部沙尼達爾洞穴（Shanidar-Höhle）深處的挖掘過程中，發現了早期哀悼儀式的證據。挖掘人員在地底發現一具七萬年前的尼安德塔人骸骨，並將其命名為Shanidar Z。[3]當時Shanidar Z一定對某人意義重大，所以才被安排了葬禮。我們之所以知道這一點，是因為這位尼安德塔人被發現時，頭朝左側仰躺著，頭部下方墊著一塊三角形的石頭，同時一隻手放在頭上，而右手臂則置於胸前。這姿勢並非巧合，而是葬禮後的結果。這類的喪葬儀式存在無數的文化中。

在古埃及，人們對死者進行防腐處理以將其保存為木乃伊，馬雅人則將死者染成紅色並用織布包裹起來。[4]佛教徒會著白服以示哀悼，猶太信徒在喪禮結束後會在家中靜待七天，回教徒死後被直接埋葬在面向麥加的永恆之墓，基督教則規範骨灰罈以及棺槨才是最後的安息之地。此外，基督教會以簡短的祈禱儀式向逝者告別，親友在隨後的「圓滿餐❼」（Leichenschmaus）時分享死者生前軼事，同時代表生活將繼續下去。在天主教教區，人們會在逝者死後六週舉行紀念靈魂的彌撒（Sechswochenamt），而新教徒則是在每年十一月的亡者主日（Ewigkeitssonntag）那天前往墓園憑弔逝者。在過去，近親們傳統上會穿黑色孝服守喪一年，並且明確規定何時允許添加灰色或白色等式樣。[5]這代表哀悼也為外界所見。

似乎世界各地的人們都覺得，在悼念期需要藉各式儀式尋求下一步的方向。然而自啟蒙運動以來，宗教與風俗習慣在人們心中的地位逐漸失去重要性。科學的進步取代了人們對死亡的宿命論。各種日新月異的方法被用來推遲死亡，心律調節器、化學治療或幹細胞移植只是暫時逃避死亡的眾多方法之一。

在過去兩百年裡，全球平均預期壽命增加了一倍以上，而工業化國家的嬰兒死亡率已遠低於百分之一。[6]矽谷的科技巨頭們正投資數十億美元在抗衰老科技。例如，Google 的兩位創辦人布林（Sergey Brin）和佩吉（Larry Page）與分子生物學家，同時也是蘋果公司董事長，萊文森（Arthur Levinson）一起創立了 Calico，目標就是要克服死亡這個「問題」。[7]越來越少人相信那些承諾死後還有生命的宗教。誰說我們不會很快就相信那些高科技公司能銷售我們永生呢？

死亡在許多人心目中已然成為公敵，是一個要反抗到底的宿命。我們經常在犯罪影集中看見死亡，但卻將它排除在日常生活之外。今日，很少有人願意按照過去的習慣，親自清洗亡父的遺體。我們的老人在安養機構或醫院裡往生，而不再是在自己熟悉的環境裡告別人世。他們往往孤獨離開，因為親友遠在數百公里之外。黑色的服飾早已成為時尚，而不再是哀悼的標誌。甚至作為哀悼場所的墓地也逐漸失去重要性：二〇一七年，百分之七十二的德國人表示自己無須前往特定地點哀悼逝者。[8]

一個越來越不接受死亡的社會，也視哀悼沒有價值，所以人們幾乎不留給哀悼足夠的時間。人們理所當然地以為喪親者幾天後即會再度「正常運作」，開始工作、照顧孩子與家庭。他們更需要的是耐心，卻被要求繼續前行，堅定專注於未來。如果有

❼ 譯注：由喪家提供的。

近親去世，僱主會給予三到四天的喪假。如果需要更多時間，就必須請病假。哀悼，本是生活一部分，幾乎只得留下極小的空間，而原本失去親人的自然反應，變成了一種必須盡快治癒的「疾病」。

我們的社會對喪親者有一定的社會期望。一開始，喪親者表現出痛苦被視為正常且正確的。任何人在至親離世不久即在社交場合開懷大笑，往往無法被他人諒解，而「過早」再婚也一樣難以被接受。我們展現得一副很開明、開放以及摩登的模樣，不受宗教儀式甚至教會準則的拘束，然而對哀悼應有的行為舉止卻秉持非常狹隘的想法。

哀慟的感覺也很複雜，它表現了人們在面臨喪親時所陷入的情緒狀態。我們會為失去家園、結束一段感情或是生命裡錯失的機會感到難過。但是當深愛的人死去時，我們悲痛欲絕。哀悼意味告別以及分離。如果我們回想一下人類愛的能力以及將其他人「融入」自己的能力，就會清楚這個過程是多麼痛苦。遺屬對逝者的愛並不會隨逝者離去而殆盡，所以這種經歷難以理解。我們不僅為逝者哀悼，也為自己無法與對方共度未來而感到悲傷。再也無法與丈夫一起旅行、再也聽不到兒子的聲音、再也嚐不到媽媽做的蘋果派，這樣的想像讓人難以承受，而且可能強烈到連身體都感受得到。

然後它會攻擊我們的睡眠、擾亂我們的飢餓感或引發頭痛，讓我們覺得自己病了，儘管所有這些也都可能屬於自然悲傷反應的一部分。

儘管悲傷也像其他所有到目前為止討論的感受一樣會影響身體，同時消耗大量能量，我們依然覺得自己有必要在這樣的階段繼續正常運作。我們對各項善後事宜感到手忙腳亂：葬禮需要籌劃，政府機構要求各式文件，以及銀行需要授權書。那些可支撐你走下去，因為夠忙，但也會讓你精疲力竭以及不知所措。如果往生的親友有連帶的財務善後問題，還得處理繼承、清點家當或是想方設法補足突然的收入缺口。伴隨哀悼的也不乏有憤怒、恐懼或是內疚與羞愧。為什麼一定要發生在我們身上？日子該如何過下去？難道我做得還不夠，才會發生如此悲劇嗎？

宗教以及傳統儀式在人們處理哀悼過程的重要性漸漸衰微，但也讓新方式有了立足的空間。這部分很快就被科學填補，它提供人們超越靈性以及習俗的答案。一切始於一九一七年發表的一個此前不為人知的名詞，精神分析學派創始人佛洛伊德發表了一篇有關哀悼與憂鬱的文章。[9] 根據佛洛伊德的說法，人類會投注能量在一段關係中，一旦這個關係因為死亡而結束，就會讓人缺乏這個能量，便無法繼續如常生活，所以應該盡快結束哀悼。那該如何達成呢？根據佛洛伊德的說法，我們必須將所有與逝者相關的記憶好好地經歷一次，才能從悲傷的廢墟中挖掘出能量。只有這樣才能健康地告別哀悼，並從此「自由自在」地繼續生活。佛洛伊德認為，如果未能充分處理面對逝者的離去，而只是壓抑和擱置情緒，會帶來不可避免的負面後果。最後，佛洛伊德相信，只有果斷地離開逝者才能回歸正常。他為這個過程取名為「哀悼工作」(Trauerarbeit)。

將哀悼理解成工作的想法，安撫了我們人類，因為智人是問題解決者。夜裡涼了？我們來生火。細菌會危害性命？那來開發抗生素。牆上照片難保不掉下來？我們發明膨脹螺絲[8]。因為人們有這種解決問題的態度，以至於在面對每一個挑戰時，傾向將其視為必須解決的問題。佛洛伊德的哀悼工作剛好可以派上用場，想法很簡單：只要我們將哀悼視為一個需要解決的問題，就可以藉由一些工作，將生活導回正軌。於是這個概念如火燎原迅速傳播開來，世界各地的研究人員都接受了佛洛伊德的想法，並進一步發展。

其中一位是精神科醫生伊莉莎白．庫伯勒－羅斯（Elisabeth Kübler-Ross）。她於一九七〇年代出版了一本關於死亡以及臨終的書，書中首次提出舉世聞名的「悲傷的五個階段」（fünf Phasen der Trauer）——[10]處理這個主題時不能忽視的一個模型。每個哀悼者必定經歷的第一階段是否認，緊接著第二階段是憤怒，隨後是第三階段的討價還價，接著被第四階段的沮喪取代，最終以第五階段也是最後階段的接受來結束這個過程。根據庫伯勒－羅斯的看法，只有歷經所有五個階段者才能克服傷痛。就像玩跳躍和奔跑的電動遊戲時，必須通過這一關才能挑戰下一關，這五個階段向我們展示如何克服哀悼。這為原本難以想像的事套上框架並給予方向：一旦完成五個階段，一切就會好轉。它也同時安撫我們想要解決問題的渴望。

現在我們知道有任務要完成，而且我們還有五個階段作為說明指南。但是還缺少了關於如何應對進退的指引。哀悼研究針對這部分也有明確的陳述。一九四四年，德

❽ 譯注：俗稱壁虎。

裔美籍的精神病學家埃里希・林德曼（Erich Lindemann）發表了一部題為《急性哀悼的症狀和管理》（*Symptomatik und Management von akuter Trauer*）的著作，成為這方面的經典。[11]林德曼在這部著作中，非常精確地定義了正常哀悼的進程，以及從何種程度則歸為病態。他寫道，一般的哀慟表現大同小異：負面情緒的壓力持續二十分鐘到一個小時、喉嚨有異物感、感嘆唏噓、毫無胃口以及心痛。林德曼描述了一種帶有明確定義，而且重要的是具有統一症狀的症候群，同時聲稱任何沒有表現出這些症狀的人都有哀慟的病態以及心理障礙，迫切需要接受治療。

佛洛伊德、庫伯勒–羅斯、林德曼和許多人都為哀悼剪裁了一件馬甲，乍看之下它的剪裁十分合理，線條簡單也極為誘人，但事實證明它太緊了。佛洛伊德撰文警告，他的想法純為推測。儘管他認為哀悼是必須盡快解決的一個階段，以便切斷與逝者的所有連繫，但他後來也承認，多年來，他對女兒去世的哀慟始終縈繞心中。[12]庫伯勒–羅斯也在晚年時寫道，她的階段模型從未打算將一種幾乎無法理解的感覺壓縮成一個緊湊的進程。[13]五階段模型在現代心理學中被認為已經過時，哀悼工作的想法也沒有任何科學根據，而林德曼對所謂健康哀悼的統一描述也不符合今日可用的數據。相反的，根據現行研究所知的一切，哀悼實際上是完全不同的。[14]

大約三十年前，許多學者開始質疑有關哀悼的主流理論。一九九九年，來自荷蘭烏特勒支大學（Universität Utrecht）的心理學家瑪格麗特・斯托伯（Margaret Stroebe）以及她的同事漢克・舒特（Henk Schut）根據大數據的評估結果，發展出哀悼管理的雙過程模型（Dual Prozess-Modell）。[15] 根據這個模型，哀悼者會游移在兩種情緒狀態之間，有時沉浸在逝者以及相連結的悲傷，有時回到必須重新定位、展望未來的現實狀態。

在這過程中，兩者各自都有重要的目的。傷痛將注意力轉向內心，協助個人反思。如果在實驗過程中先讓受試者處於悲傷的情緒，他們會在實驗過程中有更好的記憶，能更準確地評估自己，而且與他人相處時也較無預設立場。[16] 我還剩下什麼？我還有多少力量？此刻我需要誰？處於哀悼的狀態時能幫助我們回答這些問題。

而另一方面，也有滿懷信心的時刻，因此感到喜悅。如果喪親者發自內心大笑甚至跳舞，那不是因為他生病了。這樣的片刻是有益的，而且有助於再次產生積極的情緒。逝者生前的美好回憶可以保存下來，溫暖我們的心。當然還有繼續生活並面對新

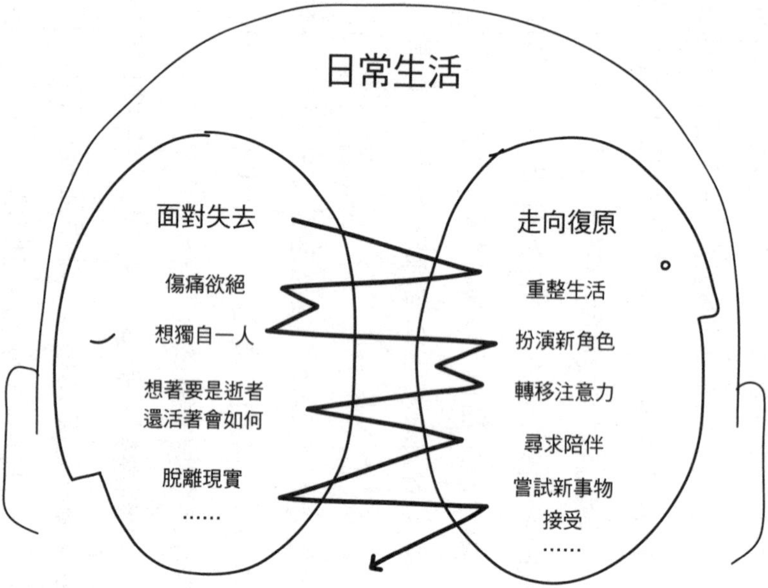

雙過程模型 17

日常生活中，哀悼者會不規則地在兩端間「擺動」，而這兩端點都有其作用。

挑戰的願望。旁人的陪伴能轉移對哀悼的焦點，有助於減輕哀慟。曾陪伴深感哀慟者走過的人，都了解那需要多少能量。但一旦一起開懷大笑，所有的重擔都會瞬間落下。

哀傷並非靜止不動，而是在絕望與自信，在哭泣與歡愉之間交替。它的來回運行不像鐘擺可以預測，有時它會朝一個方向擺動多些，有時則往另一方向更多，還有時它就靜靜停在一側好幾天。大多數的喪親者不會沒來由地陷入深淵，而是感覺悲傷像一波波無法預測的浪花，隨著時間的推移漸趨式微，卻又會突然波濤洶湧擾亂一切。

紐約哥倫比亞大學教授喬治．波南諾（George Bonanno）蒐集了數千名哀悼者的數據。讀過他的分析的人會立即意識到：哀悼不是一種統一的體驗。[18]哀悼的路徑如同人生的道路一樣多變，所以沒有一條人人都應該走的「正常」途徑，而是不計其數的可能。各種因素都發揮了一定的影響，無論是喪親者的個性、所處的外部環境、文化或是與逝者之間的關係。是圓滿地走完人生壽終正寢，還是像張女士的女兒般夭折？逝者的離世本是意料之事，所以有機會相互告別，抑或完全出乎意料？

我們對悲傷的感受有多深，也取決於彼此的交集程度、生活有多親近以及記憶有多緊密。重要的是逝者對當事人的意義。當籃球明星柯比．布萊恩（Kobe Bryant）在直升機失事中喪生時，我的朋友難過地哭了。對他而言，他熱愛的運動是共同的經驗世界。另一個朋友對他繼父去世感到錯愕，他萬萬沒想到自己會傷心欲絕，因為他從不認為彼此的關係親近。對人類而言，通常直到失去了才會意識到曾經擁有。所以往往因為感受到悲傷，才會意識到自己對他人的依戀。

波南諾教授的研究還顯示，大多數人在哀悼初期都會鬱鬱寡歡，但隨後會以驚人的速度恢復。他將其稱為「復原力」（Resilienz），即人們遭受喪親之痛後依然保有穩定的心理與生理狀態。[19]這種經歷對於外人，甚至是喪親者本身而言，往往都是出乎意料的，因為大家都以為整個生活會嚴重偏離軌道。但根據各項研究結果顯示，介於百分之三十五到百分之六十五的喪親者會走向復原之路。[20]這是有道理的。如果人類會因為悲傷而崩潰，那麼悲傷這個反應早該在進化過程中被排除。我們就是被設計成即使面對重大損失，也能在生命中找到出路。

如今的我了解喬納森就是以這種方式分擔了內心的悲傷。多年後，當我終於鼓起勇氣問及他當年的傷痛時，他告訴我，他對於自己睡前並未暗自啜泣一事感到驚訝。他不自覺地選擇了自己的哀悼之路，所以他當時覺得身邊的人比自己更驚慌。表面上我只看見他開朗、堅強以及復原的一面，而未思考過，再堅韌不拔的人也有傷痛。

只有不到百分之十的喪親者會罹患「延續性哀傷」（anhaltenden Trauerstörung），世界衛生組織在二〇一九年五月將其列入國際疾病分類。[21]這些人的社交生活幾乎被至親的離世摧毀，思緒終日圍繞著逝者的種種，不只沒有正向的情緒，還進入麻木的情緒狀態。彷彿困在傷痛的桎梏，而這樣的精神狀態至少在六個月之內不會有所改變。不過，世界衛生組織也表示時間的長短多少會因為文化以及事件發生背景而異。因此，關於喪親者何時被認定為生病且應接受治療，仍然模糊不定。

學術界對此眾說紛紜。[22]可以確定的是，人類可能會因為失去至親而罹患精神疾病，同時可以藉由專業協助獲得改善。[23]然而哀悼本身絕非一種病，而是完全自然的反應。如果我們一律將哀悼者送去治療，反而是多此一舉。「專業」的哀悼諮詢，只是如灌溉植物般，拿著噴壺不斷往喪親者的頭上澆，也不適合每個人。[24]相反的，有一項對超過二十三個研究，涵蓋一千六百多人的喪親治療與諮商效果的整合分析。[25]結果表明，那些接受治療的人的狀態幾乎等同於對照組，而且有些人如果不接受治療，情況反而會更好。

近期的研究也從根本上質疑了佛洛伊德欲藉喪親者解除與逝者連繫的這個目標。人際關係已根植於我們的大腦中。許多喪親者反映，他們覺得無須消除與逝者之間的連結。[26]而這正是佛洛伊德在女兒去世後的親身經歷。父母往往希望繼續保持與已故孩子的關係，一種必須重新適應與定義卻又不想失去的關係。心理學長期以來一直認為，在親人死後與他們保持連繫的願望是不正常的，甚至是種克服傷痛的羈絆。但根據最新的持續性連結理論（Continuing Bonds Theory），維繫是有助於心靈且毫無問題的。[27]有些哀悼者寫信給逝者，網路上有虛擬墓園以及網路紀念館，一些家庭為死去的孩子慶祝冥誕並分享在社群媒體上。在如此的時空背景下，張女士與娜妍的重逢似乎也不奇特了。

人們常會勸說：「總有一天你必須割捨。」不！時間無法癒合所有的傷口。對摯愛的哀悼可能無止盡。失去所愛的人宛如疤痕——雖然癒合但依然存在，而且有時撕心裂肺。當收音機響起曾經一起聽過的歌曲，或是當逝者去年春天親手栽下的花盛開時，痛楚就會再一次如潮水般席捲而來。喬納森至今仍被悲傷所困，他說，當他從父親穿越馬路的夢中醒來時，痛楚油然而生。

我們假定傷痛終會殆盡，而哀悼者則再次回到「原來的那個人」。然而，當所愛的人（自我的一部分）不再存在時，甚至孩子因事故或疾病從自己生命撕裂而去時，如何能再恢復？失去至親時，許許多多的事情都會改變，而有些再也不會回到往昔。加拿大籍音樂家同時也是作家的尼爾．佩爾特（Neil Peart），曾在一年內歷經女兒車禍喪生以及妻子罹癌病逝。他寫了一本感人的書，記下那段悲慟的日子，書中他承認失去至親前的那個人已經不存在了。[28]佩爾特憶及哀慟之前的日子時，會將自己稱為「另一個人」。「我們必須從頭開始，構建一個新的生活版本，一個我們可以與之共處的版本。」他寫道。是學會與逝去一起生活，而非不再感覺到逝去。

很久以前，悲傷被擠進緊身馬甲，它至今依然令人感到窒息，尤其當人們急需呼吸時。「哀悼工作」拉緊了這件馬甲，據說是必須經歷的悲傷階段，以及對「不正常」哀悼的擔憂。然而這件馬甲從未真正合身過。悲傷是專屬於哀悼者，而非規範。最終，關鍵在面對傷痛，並且為哀悼留予空間。我的朋友告訴我，談論悲傷對他來說是件好事。但是，在這步調緊湊的時代，人們往往難以找到能夠暢所欲言的時刻。我認為這就是我們應該努力的目標：創造可以一起談論和思考悲傷的時刻。如果你真的想幫助一個失去親友感到悲傷的人，就不應該只是說說客套話或是試圖解決問題。「一切都會好轉」、「你必須克服」或是「所有經歷都有它的目的」這類的論述，反映了我們的無助，無益於任何人。但對朋友的悲慟給予真誠關心，將被朋友視為一種支持，尤其是當他能不加掩飾地表達內心感受，而且無須顧忌我們的評斷時。

記得我們對哀悼的看法可能與當事者的經歷大相徑庭。而當有一天我們自己要承擔悲傷時，這樣的理解也會減輕對自我情感的期望與壓力。當我們有意識地面對如潮水般湧來的悲傷，知道漲退之間容有幸福以及思考未來的空間，而且想要與逝者保有一絲連繫是再自然不過的事情時，雖然上述這樣的觀點無法減輕傷痛，但是可以幫助我們理解所謂「正常的哀悼」並不存在，這可以減輕不必要的壓力，同時幫助我們擺脫尋找「問題」解決方案的需求。

沒有解決哀悼的良藥。摯愛的人離開，我們肯定會思念。悲慟不是要被解決或處理，而是去感受。沒有從左或向右擺脫它的捷徑，只有直接穿過所有與之相伴的感受。

我相信悲慟與愛之間有著密切的關係。死亡後的悲慟是生活裡愛過的代價。這兩種感覺都會在我們身上湧現，不會事先徵求我們的計畫或是願望。所以，深愛的人離世之所以會留下印記，是因為他曾被愛過。而一個人留下痕跡是美好以及撫慰人心的事，因為他留下的部分會在未來延續。失去至親後的生活不會再如往昔，因此我們的目標不是要走出來，而是與其共存。我們的感覺永遠不會錯。所以不要硬將感受塞進馬甲裡。這方式不只適用於處理悲慟，也適用於處理愛以及生活中各式大大小小的感受。

斷裂的線

耐心這個舊美德的新光彩

DER GERISSENE FADEN

Vom neuen Glanz der
alten Tugend der Geduld

沒有耐心就會盼望不可能的事，即盼望不靠手段便達到目的。

——黑格爾

下班時間走高速公路的下場就是一動也不動。我理應在二十分鐘後抵達攝影棚。儘管車上開著空調，但我還是覺得熱到爆。我十分不安，左手的手指敲著方向盤，右手轉著收音機的頻道。交通台跑哪去了？該死！我肯定會遲到。逼不得已只好伸手去拿手機，Google 可能會知道塞車的原因，沒想到手機居然滑到座椅間。老天爺根本就是和我作對！前面那個白痴不會再往前動一些嗎？旁邊車道早就開始前進了。那台車只要往前一些，就足夠我切換到隔壁車道。我真的有比塞在這更好的事情要做。時間一點一滴流逝，我如坐針氈，卻無計可施。糟透了！

我是一個沒耐心的人，只要有事情拖慢我的步調——無論是塞車、在收銀台前排隊，還是遲未送達的包裹，我就會坐立不安。當我聽到「我們即將為您開啟 X 號收銀台」的當下，唯一能制止我幹拐子往前衝的就只剩羞恥心，我多麼想衝到最前面。我喜歡快，而且不只我如此。

根據一項民調，如果餐廳的食物在三十分鐘後還沒有上桌，有三分之二的德國人會開始抱怨。[1]超過半數的人對說話沒有重點的人會感到不耐煩。[2]在二〇〇八年的一項調查，近兩萬名受訪者中僅有百分之五．五的人給自己打了滿分，自認「非常有耐心」。[3]即便一個人自認有耐心，甚至塞在車陣時也依然從容不迫，但肯定也曾經歷約會遲到或和醫生預約比預定的時間長，可是又得趕回辦公室時，那種不舒服、焦躁的感覺。我們很難既等待，同時又能保持冷靜。

在這樣的時刻，為何有些人總能設法冷靜下來，有些人則是心浮氣躁？這是與生俱來的天性，還是後天養成的問題？

最著名的急躁實驗之一就是心理學家沃爾特．米歇爾（Walter Mischel）在一九六〇年代進行的棉花糖實驗。[4]米歇爾將一顆棉花糖放在四歲的孩子面前，讓他們選擇是要立即吃，或是先等待幾分鐘後就能獲得第二顆。測試的影片十分親切感人，因為人們可以馬上看出，這樣的耐心測試需要孩子何種的精神力量。孩童們試圖轉移視線、輕輕觸碰糖果，然後舔一舔或是聞一聞自己的手指。許多小朋友在試圖等待雙倍獎勵的過程失敗了。

二十年後，米歇爾找到部分參加該實驗的孩童，同時發現當年等待獎勵時間越久的小朋友，他們的學習成績、社交能力以及面對挫折的承受力越佳。長期以來，人們引用這個實驗來證明耐心是孩子與生俱來的。因為無法改變，所以會對日後人生產生決定性的影響。然而，近期的研究表明，兒童的自制力主要受所處環境以及經歷的影響。例如，孩子的母親若受過高等教育，他們的平均等待時間會長許多。[5]瑟勒絲特・基德（Celeste Kidd）在羅徹斯特大學攻讀博士期間，曾在遊民之家工作過，她猜測住在那裡的孩子，無論背景有多不同，一定會立即吃掉棉花糖。因為那個環境教會他們要「能拿盡量拿」！基德後來利用稍微修改過的棉花糖實驗測試這個猜測。[6]在基德的實驗裡，測試人員先對孩子做出承諾，隨即又食言。實驗結果：失望孩子的忍受時間只有沒失望的一半。因此，環境的經歷真的會影響孩子們等待的意願。

現在已有各種類似的棉花糖實驗，而其中用於探討耐心與文化差異的關係尤其有趣。二〇一七年，由德國奧斯納布呂克大學（Universität Osnabrück）的心理學家貝蒂娜・拉姆（Bettina Lamm）帶領的一個研究小組，對來自德國以及喀麥隆傳統農家的孩童進行了經典的棉花糖實驗。[7]七成的喀麥隆小朋友靜靜地等待獎賞，有些人非常有耐心，甚至睡著了。只有百分之二十八的德國孩童成功辦到，其他人則表現得坐立不安，敲打桌子，對著糖果咒罵，不耐煩地等待研究人員回來，跟我遇到塞車時的反應一模一樣。研究人員看出兩個群體存在的極大差異與成長過程有關。喀麥隆的孩子以身為群體的一分子生活，遵循明確的規則，學會尊重、服從以及控制自己的情緒；而德國的孩童則被父母鼓勵積極參與並勇於表達自己的願望。「我們幾乎從小就被教得沒有耐性，而在喀麥隆的情況正好相反。」拉姆向我解釋道。

許多人習慣了想要什麼就立刻要有，因為我們周遭的一切都是以此目的來設計的。如果我們覺得不夠快，就會像小孩子一樣尖叫或坐立不安。然後搭乘電梯時，我們不是按一次鈕，而是按五次，儘管我們很確定那樣也不會比較快。新款 iPhone 一上市我們就想馬上入手，即便幾個月後就能以更便宜的價格買到。光是解開打結的耳機線，就會使我們抓狂；看文章時只讀標題；看電視時，手上還得拿著第二個螢幕，才能看完較長的電影。

一九八〇年代，亨氏公司（Heinz）曾試圖用精心製作的廣告短片強調，濃稠的番茄醬從玻璃瓶中緩緩流出才比較可口。[8]當時的廣告口號是「好東西只會降臨給那些等待的人」，結果沒有成功！自那以後，亨氏番茄醬不得不更改包裝，從此無須等待，只要一擠，塑膠瓶就會噴出番茄醬。好東西只會立刻來，或是根本不來。等待已經不時髦了。

電商亞馬遜（Amazon）早已發現這一點，所以現在在一些大城市的人們只需點下「立即購買」，短短幾小時就能收到商品。即便如此，這似乎還不夠快，所以他們承諾在美國、奧地利、以色列和其他國家測試成功後，Prime Air 無人機將在三十分鐘內配送。[9]我們生活在當下經濟（Now-Economy）。

小時候，我每週都殷殷盼望週五的到來，等待我最喜歡的連續劇《我們的查理》（*Unser Charly*）播出最新一集。如今 Netflix、Sky、Amazon Prime 以及其他串流媒體都取消了等待，平台一次上架整季的全集，好讓人可以當天完成追劇（Binge-Watching）。影片的片尾字幕出現不到三秒就會被切斷，沒有人願意等那麼久才接續看下一集。二〇一三至二〇一六年，追劇飆客（Binge-Racer）（Netflix 稱呼那些在影片發布當天就看完整季影集的人）的數量增加了二十倍，達到八百四十萬人次。[10]

Google 也為「即時」（Jetzt sofort）這個趨勢推波助瀾。該公司宣布，近年來搜尋「營業中」店家的數量增加了百分之兩百，而搜尋一般營業時間店家的數量則大幅下降。[11]這一趨勢被網路巨頭解釋為，人們顯然比以往更衝動、更迅速做決定，而且知道該做什麼：「迅速意味著在客戶還未察覺之前，洞察他們的需求。」[12]當我們與朋友談論他的黃金獵犬，不久後，網路頁面就會突然開始出現狗食廣告。一旦比購物者還早知道他們想要什麼，彼此就不會浪費任何時間了。

以色列新創公司 Faception 更推出進一步發展。他們結合大數據和影像辨識演算法，幫助人們只使用臉部影像就能分析人格特質。[13] Faception 宣稱可以利用影像監視的畫面，準確判斷目標人士的智力、外向程度或攻擊性。如此一來，政府和公司就可以省去透過問卷調查、面試或審訊來「了解」人的時間。只要一個影像，電腦就可以知道我們是誰以及將來可能會有的行為。中國、美國和德國等國家已經開始使用這種不耐煩的純粹形式，稱為「預測性警務」（Predictive Policing）。[14]

我們的社會已失去最後一絲耐心。莎拉・施尼特克（Sarah Schnitker）任教於德州貝勒大學（Baylor University），是這個領域的權威學者，她已經意識到事態嚴重。「我認為西方社會已經因為科技而放棄了耐心，」她如此表示。「效率當道。」而且不僅僅是大公司將其視為實現目標。

我們的社會期許孩子不要輸在起跑點。在幼兒園時開始學英文，五歲就進入小學，很快地明白成績會決定人生，因為只有「優秀」的學生才能考上文理中學。所以要努力學習，盡早憑藉優異的成績、堅毅的個性以及明確的目標，然後在大學繼續發展。現在十七歲的大學新生，一方面還太年輕，所以不能自行簽訂房屋租約，另一方面又應該足夠成熟到可以做學問，這其中的矛盾漸趨式微。年輕人被鞭策要勇往直前——盡快完成學業，盡快達成目標，盡快找到自己的熱情所在。這種壓力會留下痕跡。幾乎每兩個中學生就有一個面臨壓力，從二〇〇五年至二〇一六年期間，被診斷罹患憂鬱症的德國年輕人比例增加了約百分之七十六。[15]

我們被要求在越來越短的時間內完成更多的事，根本是種集體災難。在這種情況下，人很難對自己有耐心。於是，作為成年人，我們對自己也提出高要求，並透過實現速度來定義自我價值。「人是由成就塑造」似乎就是座右銘。準時完成學業、二十歲出頭創業、產後三週左右就恢復平坦的小腹、感冒尚未痊癒就回去上班。許多人面試時被問到自己的缺點時，會理所當然地回答「我是一個沒有耐心的人」。因為我們知道，若想拔得頭籌，就不能有一絲猶豫，而必須劍及履及，迅速應變，完成大量工作，而且只有不得不時才能踩煞車——即便是在車潮高峰的情況下。

紐西蘭有一項針對一千零三十七名三歲以上兒童所做的長期追蹤，記錄了三十年期間的衝動、挫折容忍度以及毅力，還詢問了家長以及老師有關他們的自制力。[16]由於百分之九十六的孩子直到成年都還繼續參加調查，因此可以得出一連串統計數據。在特別沒耐性的孩子中，百分之四十七的人在十五歲時開始吸菸；而特別有耐心的孩子中只有百分之二十。學歷部分也存在顯著差異，將近一半特別不耐煩的人中途輟學，其中有百分之十三的人是因為意外懷孕；而這在非常有耐性者中只有百分之三。當他們成年後接受檢查時，研究人員從他們身上採集血液，同時檢查了他們的心血管健康狀態、口腔衛生以及其他健康指數。那些特別有耐心的人身體更健康，上癮行為也更少。他們也較少成為單親父母，經濟問題較少，也比較少誤入歧途。

◆◆◆

我們的不耐煩不僅是一種擾人的感覺，而且還隱藏著巨大的風險。它會引發持續的內心不安，並使身體處於壓力之下，後果可能是高血壓、腸胃不適、睡眠障礙和憂鬱症等。[17]這些對人都毫無益處，而且我們也都心知肚明。我們知道，如果我們有耐心，遇到交通壅塞時，憑著耐性緩緩向前推進，會比我們生氣並試圖不斷變換車道，還能向前移動得更快；或者教孩子數學時，與其對孩子大聲吼叫，還不如把同一個算式再解釋一次。然而當我們實際遇到這樣的情境時，我們會自然而然地覺得不耐煩，完全不需學習，不像耐心還得努力培養才有。耐心不是與生俱來的，這在小孩子身上可以清楚看到，西方的嬰孩在需求沒有立即得到滿足時會哭鬧或生氣。「它就像任何其他能力一樣，」施尼特克表示，「一旦在日常生活中時常使用，它就會像肌肉一樣生長。」反之亦然，肌肉一旦不持續訓練就會退化。那麼，究竟這塊肌肉是由什麼形成的呢？

首先，耐心是在等待某事務時能保持冷靜、沉著以及寬容的能力，生活常要求我們這類的耐心。當我們餓著肚子看著烤箱裡的披薩時，當我們對求職結果殷殷盼望時，或是當超市收銀台大排長龍而我們又趕時間時，我們都必須暫時保持耐心。這裡所需要的耐心程度有一個比較明確的時間框架，我們的大腦可以大致預測等待的時間，這使得等待變得容易許多。有些人依靠正念練習，有些人則透過看書、確認郵件或是處理雜事等方式轉移注意力，縮短等待的時間。每一個需要我們耐性的時刻都讓我們面臨一個選擇：保持冷靜和沉著，或者爆氣。

如果你想要訓練耐性肌肉、讓自己輕鬆些，就該懂得認知重構（kognitiven Umdeutung）的技巧。從認知上重新詮釋某種情境，代表的是積極地或至少不消極排斥對耐心的考驗。試想，我們準時出現在約好的咖啡店，但是對方卻遲到了。我們可能會覺得對方不禮貌而感到惱火，也或者我們可以重新解釋情況——突然有空可以隨處看看，享受陽光以及咖啡飄香，或者乾脆放空思緒，無聊一下。如果我們成功地轉變觀點，耐心就會從費力的考驗變成正向的體驗。

在應對日常生活中的耐心考驗時，同樣重要的是不要將其視為針對個人。「不，塞車不是為了整我！是剛好有一輛跟我毫無關係的車在路上拋錨，擋住整個車道。為了這種事心煩，根本無濟於事。」我們可以有意識地對自己這樣說。耐心代表能夠等待而不抓狂。但正如耐心在其他語言中所表明的，它不僅僅是填補時間空檔，拉丁文的耐心（patientia）同時具有隱忍、堅持、耐力的意思，而希伯來文的耐心（savlanut）也代表寬容，表明了耐心在與他人相處時的作用。

就讀大學時，有次我邀請祖父母來我的住處，讓他們看看我的生活起居。這實非易事，因為他們身體虛弱，行動緩慢，而這在午間用餐時段更為明顯。新型的大學餐廳講求迅速，幾百名學生都想在同一時間把菜選好裝好。我的祖父母駝著背，拄著拐杖，在這種環境下顯得格格不入。他們花了很長的時間才看清楚螢幕上的小字說明，接著把盤子放到托盤上。此時我們身後已經大排長龍，通常在這種情況下我會開始煩躁。但是那天，在和他們兩個相處了幾個小時，扶著他們下車，悠閒地陪他們散步一會之後，我發現自己少了平時的不耐煩。我們可以一起用餐，因為我願意耐心等待，這個意願強過自己始終想快的念頭，並將我們三個人連繫在一起。

我們知道，急躁是與人相處的毒藥。無論是在愛情關係、友誼還是一個團隊裡——不耐煩會置他人於壓力之下，同時散發緊張感以及不悅。有耐心者即使在面對一個理解能力差的同事第五次詢問相同問題時，依然能保持冷靜，並且對行動不便的老人或是還不熟練的孩子展現寬容。研究顯示，有耐心的能力與人的性格特徵有關聯。[18]結果指出，有耐心的人一般都更樂觀、願意與他人合作以及富同理心。所以「我是誰？」也可以理解為「我有多少耐性？」。

耐心讓我們成為社會的一員，也是我們人性的重要組成部分，只是如今我們似乎經常忽略這點。我們捺不住性子靜靜聆聽他人說話，談話時眼睛總是忍不住瞄向手機螢幕上的通知訊息。如果我們能與周遭人耐心相處，就能增加相互理解。傾聽和忍受他人的觀點以及動機是值得的，尤其是當我們不認同對方時，更應該讓他完整闡述。當我們帶著耐心面對他人的需求時，就會學到同理心以及同情心。如此可以避免許多衝突，人際關係也會變得更好。有時只要有意識地以長輩的步調來思考就夠了。

耐心因此也代表仁慈、耐力、容忍以及寬容，所以它不僅是不耐煩的對立面。我們在日常生活的許多狀況都需要它，不僅為了當下，更為了實現長遠的目標。成功之路幾乎常常是一場精神上的馬拉松，而非百米衝刺。想要跑完全程，就得長時間調動精力。這是值得的。施尼特克帶領學生完成整個學期的一連串問卷調查。[19]結果顯示，有耐心的學生比不耐煩的更努力實現目標。更重要的是，當有耐心者心想事成時，他們會更開懷。這位學者猜測，這是有耐心的受訪者整體而言比其他人更快樂的原因。丹麥哲學家齊克果（Kierkegaard）寫道：「大多數的人都過度追逐快樂，以至於錯過了它。」有耐心的人需要時間完成目標，也需要時間享受成果。

此外，耐心代表此刻放棄一些東西，謀求未來獲得好處。但與參加棉花糖測試的孩子不同，幾分鐘的堅持不足以實現更大的目標。我們必須將部分的薪水存起來並持續多年，以便晚年能有足夠的養老金過活；或者當學徒時放棄一些空閒時間，以便盡早完成訓練。這些道理我們都懂，但是做起來卻不總是那麼容易。哈爾．赫什菲爾德（Hal Hershfield）教授帶領的史丹佛大學團隊在一項十分複雜的實驗裡發現為何會出現這種情況。[20]

首先，研究人員會要求受試者想想自己，同時測量他們的大腦活動。接下來，受試者會被要求想一些陌生人，例如電影明星麥特．戴蒙（Matt Damon）或娜塔莉．波曼（Natalie Portman）。實驗結果正如預期，大腦的測量結果顯示出差異。當我們想到自己時，腦海中會出現一種異於我們想到陌生人時的模式。整個測試最棒的部分是第三個請求：受試者被要求再次想想自己，但不是此時此刻的自己，而是十年後的自己。結果很誇張，大腦活動的模式更接近想到陌生人時。簡而言之，未來的自己對今日的我們來說就像麥特．戴蒙或娜塔莉．波曼一樣陌生。「十年後的自己不是隨便一個人。對我們而言確實是有意義的，」赫什菲爾德教授在接受訪問時如此表示，「但不如此刻的自己那麼多。」

史丹佛大學的實驗是綜合研究領域的一部分，越來越多的證據表明，在我們的頭腦中有兩個版本的自己：現在的自己以及遙遠未來的自己，而我們很少能與後者產生共鳴。[21]這說明了許多事。為什麼我們在二月時很難強迫自己去健身房？因為在那個當下，我們真的不在乎一個陌生人能在夏天的海灘上展現健美的身材。為什麼我們應該因為那個「未來的自己」可能在十年後和對方分手，現在就不將戀人的名字紋在身上？為什麼現在要存錢，好讓某個人退休時可以坐在加勒比海海邊喝杯雞尾酒？

我們很難保持耐心，因為我們沒有意識到自己的大腦會區分此刻的自己以及未來的自己。誰又會聲稱有兩個自我呢？何況字典上也沒註明「自己」有複數。然而耐心正是要求我們做出這種認識，而我們可以非常容易辦得到。

有一個實驗利用影像處理程式，將受試者的面孔進行老化處理，創造了一個虛擬人物：多了皺紋、耳朵大些、頭髮少些且變得花白。[22] 受試者可以在虛擬實境中與未來的自己交談。光是這個體驗就讓受試者提高意願，為了日後能有更大回報，而在今日存更多錢。受試者看著未來的自己，願意為此存錢。

在日常生活中，我們不需要利用這種科技來訓練耐心肌肉，只要盡可能直覺地想像「未來的自己」就足夠了。想像他／她的長相、走起路來是何種模樣，以及如何穿著打扮？一旦我們意識到未來的自己將不得不接受現在的自己所做的決定，就會產生對耐心的新動力。「等待，有耐心，這就叫思考。」尼采寫道。我們與動物的區別在於我們能夠想像未來的自己。當我完成職訓後會是什麼樣子？當我每月為那個「退休的自己」存退休金時，難道不能指望他接受自己皺皺的皮膚上有紋身嗎？為何不與「未來的自己」做些妥協呢？這樣的想法基本上能讓我們更接近未來的自己，也更容易有耐心，以便為這個未來的「陌生人」做點好事。所以耐心也代表堅信——這個陌生的自己值得我們現在放棄的事物。

最後，耐心還代表著能夠忍受一些事情而不至於感到絕望。當我們被提出分手、面臨失業問題或是疾病纏身時，我們需要毅力。當我們周遭的一切以慣常的高速持續運轉時，尤其困難。不過這種情況在二〇二〇年初有所變化。當時一種病毒讓世界放慢了速度，強迫我們許多人停下腳步，前總理梅克爾（Angela Merkel）這樣呼籲德國人民：「我拜託您們，要有耐心。」沒有人能告訴我們要等多久。數百萬人被迫減薪、計畫暫緩、活動延期、祖父母不被允許探望自己的孫子女，所有人都被要求留在家中。不確定的等待以及社交孤立對許多人而言是種心理負擔。二〇二〇年二月上旬，一項針對中國武漢兩千多通求助電話的初步評估顯示，百分之四十七的人有焦慮問題，百分之二十的人有睡眠問題，而百分之十六的人則出現憂鬱症狀。[23]在瑞士和英國所做的調查也得出類似的結果。[24]但在同一個時期，也有不少人從第一次封城中看到了契機。同年三月，一份針對德國、中國、美國等十五個國家一萬三千八百多人所做的民調顯示，百分之五十三的人表示，他們預期這場危機會拉近自己與家人的親密程度。一位原本行程滿檔的教授朋友告訴我：「孩子覺得我現在能在家跟他們一起吃午餐，很棒。」沒有人知道從長遠來看，這場危機經歷對我們所有人會產生什麼影響，但也許他日回首時會發現，在被迫等待中，我們重新學會珍視耐心的價值。我很喜歡把沉穩（Langmut）這個字作為耐心的代名詞。保持冷靜和寬容，長期保持勇氣，是我個待（watchful waiting）是另一種選項。這樣的方法除了用於攝護腺癌，還有卵巢囊腫或是輕度憂鬱症。患者經過溝通討論後，盡可能不做任何治療，而只有定期檢查。目的不是拒絕治療或是避免浪費醫療資源，而是讓人們免於承受不必要的副作用，盡可能享受最好的生活品質。

我相信從「謹慎等待」的方法中，我們也可以在日常生活中得到一些啟示。面對挑戰時，與其馬上往前衝，陷入行動偏誤，還不如考慮保持警覺地等待。這可以使我們不時能做出適當因應，同時減少總是得立即做出反應的壓力。

如果訓練了耐心肌肉，就能更加冷靜應對沉重的日常、對他人更加寬容與仁慈、擁有更佳的耐力、盡情享受成功的滋味，而且同時還能更容易度過難關——多麼振奮人心的說帖。但是在這樣一個日常生活裡，人們擁有 5G 網速獲取知識、下單不到三十分鐘後無人機就能將貨送抵目的地，一個人的個性可以在毫秒內被計算分析，那麼，耐心還值得追求嗎？難道不會像是在高速公路上駕駛曳引機嗎？究竟耐心適合二十一世紀嗎？

也許耐心的行動看起來並不總是有利，但正是我們在這個快節奏的時代需要的東西。在我們的社會裡，複雜的知識以及長期的解決方案幾乎在各個領域變得越來越重要。唯有透過反覆試驗、與他人合作以及花時間充分參與，才能達成目標。我在撰寫這本書時親身經歷了這一點。來自不同國家的研究人員在世界各地共同努力，為了更了解大腦的結構，他們前往最偏遠的角落研究異文化中的憤怒情緒，或是努力拼裝實驗設備，只為了研究如何利用捐贈的糞便治療憂鬱症。當我與這些特別的人談話時，我總能看到他們以多沉穩的態度投身工作。只有當各個大小的齒輪能相互咬合時，我們才能回答這個時代的大問題。全球暖化的災難無法像快刀斬亂麻那樣一舉解決，而疫苗也無法一夜之間就被發明。沒有人急著建造量子電腦。「我根本沒那麼聰明，」據說愛因斯坦曾經說過，「我只是花了比較久的時間在解決問題上。」靈光乍現可以激發一個點子，但是想要將其成為創新，我們需要能夠思考、學習、循序漸進、走錯時就折返回來的人。

「世界上一切的大自然、所有的發展、所有和平、所有的繁榮以及美麗都基於耐心，需要時間，需要安靜，需要信任。」赫曼．赫塞（Hermann Hesse）如此寫道。對生活多些耐心是再好不過的呼籲。我們在本書的其他章節已談過耐心，有了它我們就能更加理解恐懼或是飢餓感。我們也會在接下來的章節再次碰到它，因為走在感受世界的道路必須不疾不徐。耐心更應該像肌肉一樣使用，因為沒有耐性的人既會迷失自我，也找不到彼此。下次塞車時我會記住這一點，如果我有耐心的話……

熱情地燃燒殆盡

關於我們對熱情的危險探索

PASSIONIERT AUSGEBRANNT
Über unsere gefährliche Suche nach Leidenschaft

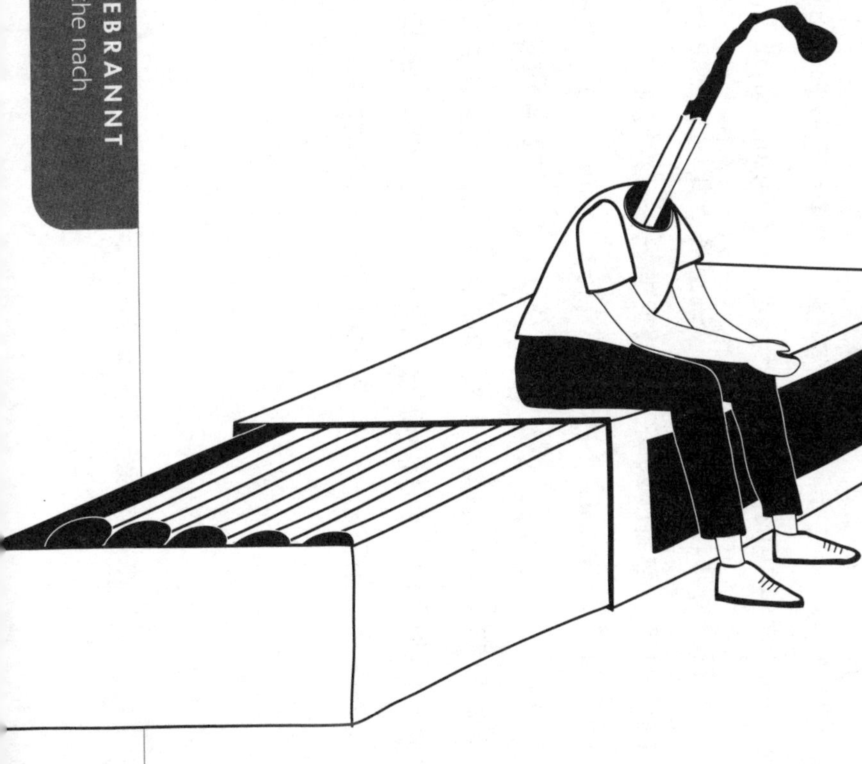

熱情是引領人生馬車的馬，只有以理性駕馭時，才能有美好的旅程。

——卡爾・朱利葉斯・韋伯（Karl Julius Weber）

「你們必須找出自己所喜愛的，工作如此，愛情亦是如此……工作將占生活的一大部分，唯一能心滿意足的方式就是去做你們相信卓越的工作，而唯一能做卓越工作的方法就是愛你所做的事。如果你們還沒找到，請繼續尋找。不要妥協。就像所有與心相關的事一樣，當你找到時，就會知道。」

當蘋果公司共同創辦人賈伯斯（Steve Jobs）於二〇〇五年對史丹佛大學畢業生說出上述這番話時，他獲得了如雷的掌聲。[1]賈伯斯的演講內容廣為流傳，似乎引起眾人共鳴。[2]高薪以及公司配車不再流行，做所愛的事、傾聽內心的聲音成為趨勢。除了蘋果創辦人之外，巴菲特（Warren Buffett）、歐普拉（Oprah Winfrey）、許多父母親、無數的就業指南以及貼在冰箱上的明信片，都提倡「活出夢想」（Live your dreams）。

相較前幾代的人，我們似乎有無窮無盡的選擇。無論是選擇工作——當學徒？讀大學？創業？還是去放羊？或是休閒活動——學習瑜伽？跑馬拉松？上陶藝課？升級再造？在一個萬事皆有可能的世界裡，快樂原則決定一切。我們想要找到滿足感，對所做的事情充滿熱情，並盡可能樂在其中。每個方向的路標都往這時代的精神看齊：追隨你的熱情（Folge deiner Leidenschaft）。

熱情具有放大自我的能量。當我們感受它時，就會充滿熱情地行動，之後再結合我們的大腦。因為喜歡所做之事，所以大腦會回饋更多的熱情與殷切。在莎士比亞時代，熱情只保留給浪漫的愛情。賈伯斯對此則有不同的看法。今日，人們不再只在床上尋找熱情，而也期望在職場上找到。「選擇一份你喜歡的工作，這輩子就不算是在工作了。」這無疑是一個誘人的訊息。對於所有大門都為其敞開的史丹佛大學畢業生而言，當然不成問題。但是其他學校的畢業生也早被這個訊息轟炸：無論一個人選擇職業時擁有多少自由，熱情是絕對的準則。這個想法乍看之下很有道理，畢竟長大後的成年生活中有超過四分之一的時間都是在職場度過的，[3] 努力找一份能為自己提供快樂與滿足感的職業是值得的。但是在工作中尋找熱情卻可能會成為一條險路。

幾年前，一個朋友剛展開職場生涯。湯姆當時剛滿二十五歲，他憑藉個人的聰明才智以及行動力，成功說服一家快速成長的新創企業聘請他擔任高階經理人。那是湯姆的第二份工作，他的表現十分優異，也不斷被讚許。一開始他覺得這份工作具挑戰性與多樣性，非常滿意。但很快地他開始產生疑慮，會議往往既冗長又議而不決、無數的試算表，同樣的流程周而復始。日常取代了最初的熱情與令人興奮的新事物，湯姆明顯地失去了樂趣。最後，他辭職了。「我想自己只是還不清楚真正喜歡什麼，真正的熱情所在。」湯姆試圖合理化自己的決定。

湯姆確信自己真正的熱情沉睡在內心的某個地方，只是還未找到並喚醒。許多人有相同的觀點。美國一項研究中，高達百分之七十八的受訪者認為，人的興趣與偏好是被賦予的，根植於內心深處，只是等待被喚醒並轉化為純粹的能量和喜悅。[4]根據湯姆和大多數受訪者的假設，每個人的內心某處都隱藏著一份熱情，我們稱這樣的人為「覺醒者」（Erweckende）。耶魯－新加坡國立大學學院（Yale-NUS College）的保羅．歐基夫（Paul O'Keefe）是世界上少數研究這種「喚醒心態」（Erweckungsmentalität）對人影響的學者之一。

他將學生分成兩組以便進行相關實驗。[5] 研究人員對第一組解釋，興趣深植於內心，它會穩穩地伴隨著人們，並且在某個時刻（也就是時機成熟時）被觸發。第二組則被告知興趣是可塑的，需要培養，同時會隨著人們深入研究某個領域而增長。隨後，兩組學生觀看一部十分吸引人的有關黑洞的短片，兩組測試對象一致表示自己被這支短片啟發了對這個主題的興趣。接著，他們被要求閱讀一篇刊登在《科學》（*Science*）期刊上有關黑洞的文章。由於文章內容結合了艱深的詞彙與枯燥的理論，此時兩組學生展現出不同的反應。之前被教導喚醒心態的同學，覺得內容困難，於是放棄。「那些費力的事肯定與我內心真正的熱情不符，否則我不用那麼努力。我退出。」而另一群了解熱情必須培養以及發展的學生，沒有輕易地被艱澀的專業文章嚇倒，他們對這個主題依然保持高度興趣。也就是說，當熱情不立即出現時，覺醒者就會放棄。一旦事情變得困難，成功難以實現或是變得單調乏味時，像湯姆這樣的覺醒者就會認定該是繼續尋覓的時候。因為如果一個人必須為某事奮鬥，需要長期的耐心，那它就不可能是真正的熱情，因為真正熱愛某事的人會「如得神助」，獲得相應的能量。覺醒者擔心如果停留下來將會錯過真正的目的地，於是決定持續前進。覺醒者的心態很普遍，但它是基於一個謬論。然而，「熱情不會等著你，你必須自己創造它。」歐基夫這樣告訴我。與大多數人的想法相反，從對某事物感到興趣到有真正的熱情，是條漫長的路。

科學家採用四階段模型來描述這個過程。[6]第一階段是在特殊情況下出現的火花。一場演講喚醒對某個新主題的興趣、度假激發對某種語言的新鮮感，或者黑洞相關的影片引發對天體物理學的好奇心。第二階段是「獲得」（Erhalten）這種興趣，此階段討論的是如何繼續保持下去。許多人家裡的地下室堆了積滿灰塵的爵士鼓或小提琴，只是因為父母對孩子冒出的火花有過高的期望？開頭幾小時的音樂課、剛學會的義大利文單字或是第一部有關黑洞的影片——以上種種都很有趣。但是如果想將星星之火變成小火時，就需要進一步點燃已經存在的興趣。隨後，在第三階段——可以開始「沉浸」（Eintauchen）。在此之前，人們已經有了初步的概念，掌握基本知識並想要進一步獲得更多。最初由外部環境引發的興趣，現在正慢慢轉化成個人的內在動力。人們會沉浸在主題中，尋求更大的挑戰。而只有到了第四階段，即「沉沒」（Versinken），學術上才將其認定為明顯地發自內心的興趣，我們可稱為熱情，然後會有心流（Flow）

體驗以及首次的成功。無論是終於可以用外語溝通或是成功演奏一首高難度的小提琴曲目等。當興趣達到意想不到的深度時，就已經不是最初的火花可以比擬的。此時火勢猛烈地燃燒著。

我們沒有理由反對嘗試。因為只有經由好奇才會開啟可能激發火花的機會，進而燃起大火。人不輕狂枉少年，這當然也適用於湯姆。然而我還是相信，他在第二階段和第三階段之間的某個時候，早已跳離，並且那背後有一個固定的模式。

熱情需要時間。像湯姆這樣相信自己內心深處潛藏一個上天贈與的熱情的人，他們會希望直接跳過那些不會激發他們熱情的話題或是挑戰，或是終止更深入的研究。歐基夫在他的研究中也發現了這一點，[7]「覺醒者」不大願意處理他們到目前為止不怎麼感興趣的話題。這代表覺醒者會持續尋覓，只是同時彷彿被蒙住眼睛般。

一旦我們意識到一個小火花足以啟動較長的過程，而且最終會引燃熊熊大火時，就能明白我們人類可以在非常不同的領域發展熱情。或許透過這個頓悟，我們會發現自己之前從未考慮過的領域。

歐基夫向我提及一項他和團隊進行了兩年多但尚未發表的長期研究，對象是一所偏重人文社會科學的大學的學生，也就是說他們對數學的興趣較為薄弱。開學時，他們將同年級的學生隨機分為兩組。對照組參加學習實用技能的專題研討；實驗組則接受以熱情為主題的三十分鐘訓練課程，內容主要是講解熱情不是被簡單地「發現」，而是必須慢慢形成與建立，他們還被介紹前述黑洞實驗的結果，並且寫下自己過去有意識堅持某事的經歷。

八個月後，以這種方式訓練的學生對數學課程的興趣明顯高於對照組，他們的學期成績也比較優異，並且認為數學與自己熱愛的學科之間有較緊密的關聯。兩年後，他們相較於對照組，有更多人甚至主動選修數學；而這兩組學生對於原本專業的興趣則保持不變。這項研究再次表明，我們的態度對感知世界有多大影響。對於熱情而言，我們如何理解它也很重要。我相信當我們自己塑造和建立熱情時，即使所選擇的活動單調且令人覺得費力，還是會提高堅持下去的機會。只有如此，我才能建立紮實以及完整知識，達到熱情所需的深度。

「有時候熱情來得突然，就像突然開竅般；有時則必須花點時間。」歐基夫解釋道，也同時警告說：「無論如何，那會是一個過程，而且通常需要相當長的時間。」

當然，也可能有人看了關於黑洞的介紹就立即愛上這個主題，將第二和第三階段直接帶入第四階段。但那屬於例外。通常，熱情首要之事為耐心。

此時正是一萬個小時理論能派上的用武之地，這是作家麥爾坎．葛拉威爾（Malcolm Gladwell）在他的全球暢銷書《異數》（*Outliers*）中一炮而紅的法則。[8]葛拉威爾透過一項一九九三年心理學家安德斯．艾瑞克森（Anders Ericsson）的研究得到啟發。[9]艾瑞克森及其同事對柏林藝術大學小提琴班學生進行訪視，詢問他們每週的練琴時數。結果顯示，每個年級的佼佼者直到十八歲時的練琴時數平均為七千四百一十小時，比較平凡的學生則「只有」五千三百零一小時。依此推算到他們二十歲時，需要一萬個小時才能名列前茅。葛拉威爾粗略地計算過，比爾．蓋茲、披頭四樂團或莫札特也需要這麼長的時間，才能在編寫程式、音樂創作和作曲領域達到一定的水準。如此大膽的論點是基於一個人的天賦並不重要，只要靠勤奮以及紀律就可以達到夢想的目標，無論是職業足球運動員、鋼琴演奏家或是傑出軟體工程師都是如此。根據葛拉威爾的一萬個小時理論，一個人只要每週工作四十小時（沒有假期），就可以在五年內辦到。[10]但這符合現實嗎？還是一句老話，審慎面對經驗法則。柏林藝術大學研究所得出的一萬小時是中數，而其中有一半的佼佼者在他們二十歲時還沒有達到這個時數。最近的研究顯示，光是勤奮練習還不夠。[11]如果沒有一定的天賦，只靠勤奮和紀律，往往只能達到平庸水準。然而，一萬個小時理論確實有一個核心真理，套句俗話就是「成功絕非一朝一夕」❾。正如我們所見，成長是需要耐心的，直到我們真正掌握某些東西之前，需要捺著性子。艾瑞克森教授匯集了眾多學術見解並得出結論，他認為在棋藝、體育、音樂和藝術方面的佼佼者，需要經過大約十年的刻意練習，才能讓自己超越平均水準。[12]有些孩子在某些領域天賦異稟，但他們需要一段時間才能真正掌握各種訣竅。那絕對不是突然覺醒就能辦到的。

美國賓州大學學者安琪拉．達克沃斯（Angela Duckworth）研究為何有些人能夠保持專一並獲得成就，而其他人不能。她在著作中表示，無論與生俱來的天賦如何，造就不同的是毅力和熱情的結合，她稱之為「恆毅力」（Grit），帶有咬住不放（Biss）的意思。[13]她訪問了來自創投、藝術、新聞、學術、醫學或法律等各領域的人，得出恆毅力是關鍵成分。[14]當受訪者被問及是什麼讓這些領域的佼佼者得以脫穎而出時，他們反覆提到恆毅力或是類似理念的同義詞。的確，許多人在職涯早期雖有挫折，但仍堅定不移、奮鬥不懈，最終躋身絕對頂尖者，他們取得的成就令人刮目相看。「但另一方面，許多人也驚訝發現，特別有天賦的人最終並沒有登上頂峰。」達克沃斯寫道。

我們看著各領域專業人士，光彩奪目的成功閃亮得讓我們睜不開眼。有時我們會羨慕地想，他們一定是輕易地登上頂峰，因為有內心的熱情驅動，但我們卻忽視了這條路他們走了多久。披頭四樂團在成名前已在利物浦的洞穴俱樂部駐唱近三百晚，並在漢堡演出了兩百七十多場。巴布．狄倫（Bob Dylan）在他職業生涯的早期曾被噓下舞台，而麥可．喬丹（Michael Jordan）在高中時曾在校隊選拔中遭淘汰。[15] 將這些成功人士連繫在一起的共通點似乎是做自己所愛之事。錯！其實真正將他們連繫在一起的是他們的堅持。因為唯有如此，才會產生深刻以及真誠的熱情。像湯姆這樣具有「覺醒」心態的人往往會繼續到別處尋找挫折，而不是堅持下去。「了解熱情是一個過程，珍惜這個過程，保持專注。直到不見自己有所成長，才離開這個領域。」歐基夫總結

---

❾ 譯注：原文直譯是「大師不是天上掉下來的」。

了整件事的核心。

一項針對心理系新生的研究顯示，這些年輕人一開始的興趣促使他們設定學習目標並深入研究這門學科。[16]由此對該領域所增長的理解又進一步增強了興趣。這是一種積極的循環，是熱情的自我強化力量。能力和熱情相互影響。我感興趣，所以努力，然後我會變得更好，興趣也持續增加。「熱情，就像挑剔的品味一樣，藉由訓練增長。」哈佛大學心理學家傑羅姆·布魯納（Jerome Bruner）寫道。[17]當我們開始熟能生巧，當我們做得更好並感覺到自己的進步時，熱情就會產生，對某事充滿熱情的感覺振奮人心。但正如我們的消極情緒有好的一面一樣，我們也應該看到積極情緒的負面影響。我屢次意識到這一點，尤其是當我對工作充滿熱情時。

今日，幾乎沒有人會質疑把工作變成熱情的神聖目標。當我們每天沒有帶著快樂和熱情去工作時，就會猜想是哪個環節出了問題。如果有人問我的祖父，他是否對自己在稅務局的工作充滿熱情時，他可能連這個問題都無法理解。「我真的很喜歡我的工作，但……熱情？我想那是做園藝活動或是到山裡健行才會有的。」這大概會是他的答案。在一項針對加拿大大學生的調查中，百分之八十四的人表示自己有熱衷之事。

[18]其中舞蹈、曲棍球、滑雪、閱讀和游泳為前五名，皆與工作無關；不到百分之四的人表示熱愛工作或讀書。因此，把熱情和工作結合起來似乎不符合這兩者的本質。為什麼我必須熱愛自己的工作？我個人很高興能撰寫這本書，但是，老實說，我和祖父一樣，更喜歡在戶外接觸大自然。

恭喜所有每天充滿熱情開車去上班的人，同時也非常感謝所有盡忠職守的人。那些清晨四點半在麵包店把麵團推進烤箱的人、那些在降臨節期間以十二小時輪班方式送貨的人、那些每年教小一新生乘法口訣的人，或是那些在稅務局稽查所得稅長達四十年的人，無論他們對工作的熱情有多強，都值得大眾以及我們尊敬。在職場生涯中，可靠性、樂觀、勤奮以及處變不驚的能力，可能更加重要。尤其是在職涯早期，如果像湯姆一樣過度強調對工作的熱情，可能會面臨龐大壓力。我希望所有人都能擺脫這個想法。工作可能更是為了養家活口，是幫助他人或為社會做出貢獻，其實這樣就相當多了。你可能會反問：「但是在工作中找到熱情不是很好嗎？」我一點都不反對。畢竟，每個人在工作上花費了大量時間，如果對自己的工作充滿熱情也很棒。但，對工作充滿熱情可說是一把雙面刃。

許多人夢想著將自己的熱情變成一份職業。因為喜歡海或喜歡烘焙，所以最後決定開間衝浪學校或有間可以烘焙蛋糕的小咖啡店。熱情，代表對一項活動的樂趣。一旦把熱情變成一份工作，突然就必須花八小時甚至更多的時間來投入其中。現在，需要付出努力來賺錢，一切逐漸變成例行公事和生活常態。衝浪初學者一再重複提出的問題讓人煩不勝煩；每天早上烤好的巧克力蛋糕，到了晚上往往得扔掉一半，因為客人比預期來得少，著實令人感到沮喪。在工作裡有失去其樂趣以及熱情的可能。我認識許多藝術家或音樂家，他們將嗜好轉為職業，但最終會覺得自己缺乏平衡。

「然而，沒有人希望擁有熱情。畢竟，當他們可以自由時，誰願意被束縛？」康德如此問道。柏拉圖、亞里斯多德和史賓諾沙也是以類似的批判眼光看待這個問題。[19]事實上，熱情本身並非好事。光是從德文的字面就可以看出。德語的熱情「Leidenschaft」，字面意思是苦難；在其他語言中，「passion」也代表耶穌所受的苦難。事實上，熱情可能會對心靈帶來沈重的痛苦。

我的父親始終是位熱情的老師。他熱愛自己的工作，並從工作中汲取許多力量。但是當他幾年後被提拔為校長時，慢慢就有些失控了。他承擔越來越多的任務，協調課表、分配教室、出版校刊、管理學校餐廳等等。當時我觀察到他的掙扎。他喜歡自己的工作，而且充滿幹勁。然而，父親也被自己的熱情所吞噬。當工作主導了我們的生活，而不是相反時，情況就變得危險了。

我父親的例子並不罕見。德國大多數的工作者表現出色，百分之七十的人喜歡自己從事的工作。[20]然而，不滿的情緒卻不斷湧現，因為我們不停被暗示著需要一份能讓自己感到滿足並能為其燃燒熱情的工作。在我們的社會中，公司需要的是能積極參與、主動為公司著想的員工，而且最好是能隨叫隨到。你對某件事越有熱情，就越願意接受其他方面的妥協。結果就是加班、壓力和挫折。大約一半的德國人受職業過勞（Burn Out）威脅，罹患人數迅速增加。[21]二〇〇五年AOK保險公司登記的病假天數為每一千名投保人有十四天，但到了二〇一八年則是一百二十．五天，[22]這幾乎是九倍多。熱情如火，第四階段代表燃燒，如果你不小心，就會被燃燒殆盡。當然，並不是所有的職業過勞都與熱情有關。但是，如果你被期望應該熱愛自己所做之事，那麼當事情變得太多時，人們就不會接受你縮小工作範圍，無論從表面上或在內心裡。這時持續產生的壓力和累積的痛苦，最終會讓你在熱情中崩潰。我們都知道也有些人是為工作而活，他們可以為了解決問題工作到深夜，他們覺得沒問題，也想不出有比這更美好的事情，而且沒有任何工作倦怠的跡象。我的父親最後沒有筋疲力盡，只是有時候情況真的很嚴重。那麼，是什麼決定了熱情會燃燒到自己，抑或自己可從中汲取能量和快樂呢？

科學將熱情分成兩種。[23]和諧性熱情（harmonische Leidenschaft）是我們所有人的夢想。我們沉浸在心流當中，廢寢忘食，從我們的行動中汲取力量，但又確切地知道什麼時候足夠了。一位對工作充滿和諧性熱情的老師，喜歡教孩子們，但他會婉拒在午休時間加班。他想在休息時間讓自己放鬆或是和其他人一起吃飯。和諧性熱情是有感染力的，因為人們可以感受到他散發出來的熱情。它能讓我們堅持下去，並動員內在力量。

另一方面，強迫性熱情（obsessive Leidenschaft）則潛伏著危險。人們沒有這樣的熱情就活不下去，它控制一切。人們會逐漸忘記如何拒絕，承擔越來越多的責任，而忽略生活中的其他一切，那對自己不利。這就是康德警告過的枷鎖。

加拿大心理學教授羅伯特・瓦勒朗（Robert Vallerand）帶領的團隊，他們開發的

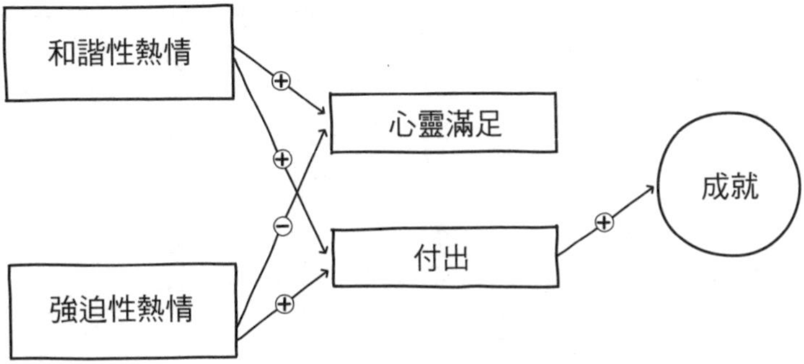

成就和熱情 26

這兩種形式的熱情都會透過付出而有所成就。但是強迫性熱情會侵蝕心靈滿足。當成就變得非常重要時，這一點往往被忽視。

問卷可以衡量這兩種形式的熱情。[24]人們可以就敘述的活動，選擇從一到七不同強度，表示自己對其熱情的程度。「我很難想像沒有這個活動的生活」、「我在情感上十分依賴這項活動」，或者「我對這活動幾乎著迷了」。

那些以高分同意許多此類陳述的人被斷定屬強迫性熱情。現在已經有超過兩百項類似研究，檢視這兩種形式的影響，研究結果清楚呈現了一幅清晰的畫面。[25]一開始，人們可以在這兩種熱情中茁壯成長，在所做的事務中漸入佳境。但從長遠來看，強迫性熱情會侵蝕心靈滿足。

一項針對數百名法國和加拿大護理師的

調查顯示，與和諧性熱情相比，強迫性熱情更容易增加私人生活衝突和過勞症狀。[27]這個發現相當重要，與工作時數無關。職業過勞不一定代表工作太辛苦。問題不在於工作多少小時，而是我們對工作抱持何種熱情。當強迫性熱情的人遇見他人不同意自己的觀點時，通常比較容易失控。他們很難放鬆，因為他們過於專注，所有思緒都圍繞著工作。他們沒有時間享受其他活動的樂趣，而且遭遇失敗時，情況會變得更糟。[28]一個人的行為與個人的自尊密切相關，以至於失敗被視為是種對自身的攻擊，「我犯了一個錯誤」會變成「我是一個錯誤」。就像沒有自我關懷的批評一樣，它們過度簡化，更重要的是過於針對個人。不去評價行為，反倒是評價自己整個人。

如果想在工作中尋找熱情，應該時而停下來誠實反思：這真的是我想要的嗎？這個動力是發自內心的嗎？我做的對自己有好處嗎？熱情可以在大腦中激發快樂，然後透過我們的行為進一步強化。這正是這種感受的巨大潛力。對某事充滿熱情可以豐富我們的生活，但對象必須是工作嗎？維持熱情是艱苦的事，除了與之而來的各式努力，還需要我們一定程度的謹慎。因為當熱情成為一種痴迷時，痛苦就會隨之而來，從而束縛我們。

美國企業家，同時也是位作家的本・霍羅維茲（Ben Horowitz），他的名氣遠不及賈伯斯，而他對哥倫比亞大學畢業生的演講影片目前只有兩萬五千次的瀏覽數，而不是數百萬次。[29]也許那是因為霍羅維茲反對熱情，所以也反對了時代精神。「追隨你的熱情是一種非常『以自我為中心』的世界觀。隨著時間流逝，人們終會發現，他們所貢獻的，遠比他們從這世界所獲得的——無論是金錢、汽車、東西及獎勵——來得重要。所以我給你們的建議是：追隨你所能貢獻的事物。找到你的專長，將之帶到世界，為他人貢獻，讓世界變得更美好——這就是你們應該奮鬥的目標。」

霍羅維茲為我們提供了比賈伯斯更豐富的祕訣，讓我們從工作中獲得長遠利益。而這位蘋果創辦人似乎在他生命的盡頭也看到了這一點。他的朋友兼傳記作者華特・艾薩克森（Walter Isaacson）描述賈伯斯身患絕症時，兩人之間的一次談話。[30]當賈伯斯被問及在史丹佛大學的演講時，他說：「每個人都說『追隨你的熱情』。但我們都是歷史潮流的一部分……你必須在潮流中做出貢獻，這將有助於社群，使人們會說你不僅充滿熱情，而且熱中做一些有益於他人的事情。」

在這個人人都渴望非凡、獨特以及充滿熱情的時代，能將焦點從個人帶回社群是很棒的。那些發現自己熱中為他人做事的人，可能會為自己和世界付出最大的貢獻。亞里斯多德說：「世界的需求與你的才能交會的地方，就是你的天命所在。」如果賈伯斯之前沒聽過這句話，那他聽了應該會喜歡。

第八階就滿足了

滿足而不是追逐幸福

ALLES GUT AUF SPROSSE ACHT
Zufriedenheit statt Jagd nach dem Glück

感覺良好的方法只有一種：學會滿足所擁有的，不要總是追求缺少的。

——特奧多．馮塔內（Theodor Fontane）

一七七六年七月四日美國宣布獨立時，他們的開國元勛們賦予了人民三項基本權利，分別是生命權、自由權以及追求幸福的權利。「追求幸福」從那天起就成為一種與自由生活同等重要的主張。為什麼《獨立宣言》不是說生命、自由以及幸福？為什麼幸福還須追求？也許是當時人們就知道幸福無法讓人掌握，而必須去追逐，因為幸福稍縱即逝。

一九五〇年代，兩名研究人員在實驗室老鼠身上證明了這一點。[1] 他們把電極植入老鼠的腦中，老鼠只需要按壓籠子裡的一個小槓桿，就可以將電脈衝發送到腦中的犒賞系統（Belohnungssystem）深處，從而引發快感。當老鼠意識到這一點，牠們並沒有鬆開槓桿、停止電擊。雄鼠倒是失去了繁殖的慾望，而雌鼠不再照料新生的幼鼠，以至於幼鼠餓死。一些熱中享受快樂感覺的老鼠居然可以每小時進行自我電擊兩千多次，如果當時科學家們沒有干預，這些小動物就會快樂地死去。

現在科技十分先進，那些無法用藥物或心理治療改善的嚴重精神障礙患者，可以在大腦中安裝一個快樂節律器，提供類似效果。這種方法稱為「深層腦部刺激」（Tiefenhirnstimulation），是一種類似上述動物實驗，以電極刺激獎勵系統產生快樂的治療方式。在一九八六年一項關於該方法有效性的早期研究中，曾報導一名美國婦女，她不停操作槓桿增加大腦中電脈衝強度時，直到手指裂出傷口。[2]

這位女士甚至忘了個人衛生和家庭責任。二〇一三年，一名三十三歲的德國男子在醫院進行了幾次測試後，在出院當天便請求醫生增加電流強度。[3]他擔心在未來的幾週內，他將無法再獲得足夠的快樂劑量，他已經迅速適應更高的強度。「就像老鼠一樣。快樂會讓人上癮，」在紐約擔任神經學家的海倫．梅伯格（Helen Mayberg）教授告訴我，「病人表現得和古柯鹼上癮的癮君子一樣。」

梅伯格是深層腦部刺激療法領域的先驅之一，並擁有該療法最重要的專利之一。她了解人們對快樂的渴望。「那些都是短暫的快感，就像性高潮、吃巧克力、做一些令人興奮的事情，但效果不會持久。」她說。對很多人而言，購物的感覺很好，一雙新鞋就能讓人開心。「但我們的大腦是這樣設計的，它總是想要感覺良好的東西，然後我們就會買得比所需的還多。我們需要二十雙鞋嗎？」她問道，並警告我們要小心陷入一個與「熱情」非常類似的惡性循環。

當某件事讓我們感到快樂，需要的劑量就會越來越大，以便能夠不斷地再次體驗快樂的感覺。然後，只有新鞋就不夠了，還需要腰帶、夾克，或最好兩者都有。梅伯格在她治療重度憂鬱症的方法中避開了人類對快樂的貪得無厭，因為她不再將電極植入大腦的犒賞系統，而是植入到一個處理負面體驗的區域。[4] 當電脈衝到達這裡時，憂鬱症患者不會有快樂的高潮。這種刺激為嚴重憂鬱症患者帶來寧靜，因為那個會造成他們活動力受到干擾，使得他們無法擺脫悲傷和缺乏動力的區域有了新的律動。「我們關掉負面因素。如此，人們就可以重新擁有自己的正向體驗。」梅伯格為該機制做出上述解釋。

感到快樂是一件美妙的事情，它是由大腦中的神經傳導物（Neurotransmittern）混合組成，其中最重要的組成物「又」是多巴胺。讓我們想想，當我們因多巴胺激增而墜入愛河時的那種心花怒放的感覺，那是純然的喜悅，無論是大是小。獲得一雙新的運動鞋、工作晉升、繼承遺產或是喜獲麟兒都會在我們大腦中觸發快樂。即便沒有人願意放棄快樂，但是不斷追求快樂也會帶來風險。如果我買得起新手機、如果我終於找到真正的愛好、如果我升職了、如果我再減掉三公斤——那麼我就會覺得很快樂。事實上，快樂是無法持久的，因為我們很快就會習慣新手機、新的位階甚至愛情。然後我們又會渴望下一次的成功、下一次的刺激，以便再次有快樂的感覺。心理學用快樂水車（Hedonistische Tretmühler）來形容對快樂永無止境的追逐，就像在原地踏步一樣。高潮過後，迅速恢復到情緒的常態，然後又開始新的追逐。

「Happiness」一詞源自古北歐語，hap 的意思是偶然或幸運，已經隱喻了快樂無法被握住。[5] 快樂的不確定性提供了追求的刺激。如果每拉霸三局就會抽中頭獎，我們很快就不會再有飄飄然的快感，因為我們能確切預知即將發生的事。[6] 看看人類的近親，就會清楚發現快樂的感覺是需要融入巧合的。

二〇〇三年，實驗室裡的猴子被教導玩一個遊戲，只要燈一亮，牠們按下一個鈕，就有一個小門會打開，門後有食物當作獎勵。[7] 在實驗過程中，研究人員監測了猴子腦內的多巴胺釋放量，結果顯示高潮不是在收到食物時，而是在燈亮時。讓猴子開心的是對獎勵的期待，一旦食物到手，快樂的感覺又會消退。

接著研究人員在遊戲中導入了一個隨機機制。從現在開始，只有一半的門後方有獎勵。也就是說，燈亮了，猴子按下鈕，但獎勵不一定會出現（只有一半的可能）。大家可能以為猴子會從此失去對遊戲的興趣，但情況正好相反，猴子腦內的多巴胺釋放量激增。建制的隨機性在猴子大腦中大大助長了快樂。當獎勵的機率是百分之二十五或百分之七十五時（「機率」均低於百分之五十），多巴胺的量再次減少。「可能性」越高，腦內的快感就越多。

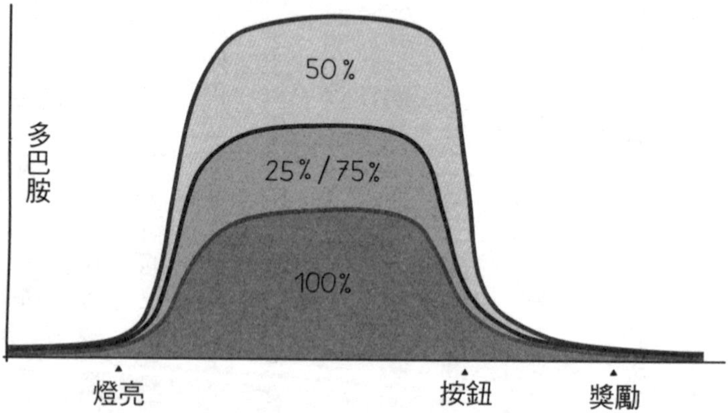

巧合使人快樂 8

獎勵的機率越大，猴腦中釋放的多巴胺就越多。

美國的開國元勛將追求幸福作為一項基本權利，本意甚佳，但這種說法是基於一種誤解。現在有許多研究表明，追求快樂會導致不幸福。[9]

「對我來說，感到快樂萬分重要。」二〇一一年的一項分析日記的研究顯示，同意此說法並給予高度評價的人，在日常生活中往往感到孤獨。[10]受試者在後續實驗中被要求閱讀報章上有關幸福的正向影響或是中性的文章，接著，受試者會觀看一部關於人際關係的電影。那些之前讀了讚賞快樂文章的受試者，在觀看電影時，比閱讀中性文章者更感到孤獨。在沒有壓力的時候，人們原本可以過得很好，那些追求快樂的人卻反而會覺得沮喪，因為他們沒有得到自己所渴望的。[11]強烈關注快樂也會加強時間飛逝的印象。[12]那些想要持續感覺到快樂的人，就需要不斷地參與能帶來刺激的活動。而那會讓人忙得不可開交，根本沒有機會感到無聊！

二〇一四年，多倫多大學的布雷特．福特（Brett Ford）表示，那些汲汲營求快樂的人比那些不如此執著者更容易出現憂鬱症狀，[13]這種關聯性也在二〇一九年一項對孩童的觀察中得到證實。[14]福特在談話中提及「想要快樂是正常的」。沒有理由反對。[15]然而，福特也繼續表示，當我們太過渴望，開始為快樂感到擔憂時，問題就出現了。

今日，追求快樂在研究中被視為是一個悖論。[16]不惜一切代價追逐快樂可能代表著讓自己墜入痛苦的深淵，因為需要越來越多的事物才能感到快樂，而且期待會不斷上升。這種心態不僅威脅到個人。

對快樂的追求也正在摧毀我們的世界。世界經濟體系以增長為基礎，越要越多，越多越好。美國夢早已超越美國國界，成為一種基本態度。全球各地的人們都在追尋快樂，這種追求不僅像尋找彩虹盡頭的寶藏，終將無功而返，還會讓人感到不滿足。今日人類的平均壽命比兩百年前多一倍，但我們不覺得感恩；即使有足夠的食物，我們也不覺得飽滿。當 Netflix 因網速太慢而斷線時，我們不會慶幸自己無須在莫里亞（Moria）難民營的帳篷裡過冬，但卻會在水電齊備的溫暖公寓裡感到惱火。

◆◆◆

當我們快樂時，當然應該全心全意感到開心。然而，追逐快樂會形成一種永遠無法滿足的飢渴。快樂轉瞬即逝，難以控制，一旦追逐，它即溜走。它留下精彩的瞬間，任何妄想持續擁有的嘗試，都注定會失敗。

我想推薦一種超越短暫快感的更深刻、持久以及平靜的感覺作為替代目標，那就是「滿足」。

乍看之下，想從科學角度區分滿足與快樂並不容易。該領域的大多數研究都以英文進行，而「Happiness」在這裡被用作情感世界的一個統稱。有時是瞬間的快樂時刻，有時是主觀的幸福感，有時是感官和信仰的混合，或者只是喜悅。然而，一旦更深入研究這個話題，就會發現大多數研究更準確描述了它們各自所指的「Happiness」的含義。在某些情況下，「滿足」（Zufriedenheit）這個詞會更合適。

滿足與快樂不同，它不是由極度的情感高潮來定義，而是一種我們不會感到缺失的內心平靜狀態。當科學談到一個滿足的人時，它指的是一個反覆經歷正面情緒的人。

負面情緒確實仍會產生，但那只是偶發。滿足感和快樂的感覺在這裡很明顯是相互關聯的，[17]只是滿足的範圍更廣闊，它描述了我們對整體生活的看法。

普林斯頓大學心理學家哈德利．坎特里爾（Hadley Cantril）是首位嘗試將滿足具體化的人。一九六五年，他開發了一種至今仍在使用的簡單方法。「想像一個有十階的梯子，頂端代表的是可以想像的最棒生活，底端則是代表最糟糕的生活。哪一階能對應你的現況？」

事實上，這種簡單的滿足感衡量方法是有意義的。我們可以分辨自己在哪一級，因為滿足源於自己，它是一種個人體驗。所以不需要測量多巴胺水準或是大腦區域以做成統計數據，我們的個人評估已足夠了。如果要求人們連續幾年對自己的滿足感進行評分，這些數值會保持相對穩定。[18]令人驚訝的是，當天的狀態幾乎不會影響我們回答自認在階梯上的高度，[19]而惡劣的天氣或壞心情也不會在人們回覆自己的滿足感時被列入考慮。

快樂本質上就像被生活的每一道波浪席捲的方舟，而滿足就如同一艘巨大貨輪，儘管波濤洶湧，依然保持穩定的航向。

德文「Zufriedenheit」（滿足）一詞包含著「Frieden」（和平），因此與不確定的偶然或飢渴的追逐相反。滿足是一種心態，一種對自我以及周圍世界深刻的和平感。雖然滿足比快樂更重，但我們可以調整航向。那究竟是什麼決定了一個人會在階梯的第五階還是第八階呢？

◆◆◆

我們的滿足感有相當一部分已經存於我們的基因中。這一點是透過對上千對雙胞胎進行科學比較中得知的，基因相同的同卵雙胞胎比基因平均只有一半相同的異卵雙胞胎更傾向給出相似的滿足感。研究人員計算出，我們大約有四成的滿足感歸功於父母的遺傳基因。

除了基因，我們居住的國家也有一定的作用。多年來，聯合國持續使用階梯模型在全球調查人們的滿足感。在二〇二〇年的報告中，阿富汗以二．六分在一百五十三個國家中敬陪末座。[20] 戰爭、貧困、恐怖攻擊和壓迫剝奪那裡的人們過上滿足生活所需的一切。

而連續三年蟬聯第一的國家是芬蘭。那些幸運出生在芬蘭的人，平均處於階梯的第七．八級。這個國家幾乎沒有貪腐問題，警察的聲譽良好，政府運作透明。此外，幾乎沒有社會不平等待遇問題，人們的生活條件幾近雷同，具向心力。人民信任行政機關以及彼此，這種信任是芬蘭人滿足感的基石，因為信任和滿足感一樣，也是一種慢慢形成的深厚感受。當然，芬蘭的榜首地位還歸功於該國是世界上最富有的國家之一。然而，與其他如盧森堡、阿拉伯聯合大公國以及新加坡等明顯更富裕的二十個國家相比，芬蘭依然居於領先地位。事實上，多年來研究人員一再發現，生活水準並不一定等同於更多的滿足感。

根據超過一百六十四個國家的大量數據分析顯示，滿足感和收入在一開始是相互增長，收入每增加一美元就代表多一點滿足感。但是一旦家庭平均年收入達九萬五千美元時，滿足感就停止增加。在拉丁美洲和加勒比地區，轉折點發生在三萬五千美元，而西歐則是十萬美元。但無論在何處都有一個共同點，就是一旦達到一定金額，上升的滿足感曲線就會出現轉折，甚至還常常會再次下降。財富無法帶來滿足。人們可以用鈔票換取片刻快樂，但遺憾的是，人類很快就會習慣奢侈。正如作家馬克斯．弗里施（Max Frisch）所寫的，生活水準逐漸成為生活意義的替代品。[21]人們不再自問「我為何在這裡，我為何而活？」，而是為了追求更多而活。然而，如果生活的目標是滿足，那麼效仿有錢人在高爾夫球場或遊艇上是沒有意義的。我的父母都是教師，他們每年稅後收入合計約八萬五千歐元。這金額不容小覷，尤其是考慮到日後還有不錯的退休金。可是誰會想到，老師們幾乎已經接近滿足的轉折點呢？如果你問青少年什麼職業可以擁有足夠的錢來真正感到滿足，我敢打賭許多人會回答職業足球運動員以及超模。

與基因相比，人們的生活處境對滿足感的影響非常有限。二〇〇二年的一項美國研究，將樣本中最滿足的百分之十與只普通滿足的人進行比較，結果發現截至當時，兩組人生活中正面和負面事件的數量相同。[22]調查研究顯示，即便是結婚、孩子出生、分居甚至喪失親人等重大事件，長期來看也不會改變滿足感的平均數值。[23]根據目前可用的數據，我們的滿足感有百分之十到十五取決於外部情況的影響。[24]正如研究結果一再證實的那樣，滿足是由內而發，而不是由外向內。因此，我們的滿足感只有大約一半是受到基因與生活情況影響，另一半則取決於我們的行為和態度。[25]這是四十多年來

在火車旅途中，凝視窗外，讓思緒四溢，可以帶來內心的平靜，是一個特別的時刻；但是在日常生活中頻繁分心，則與內心的平靜和平衡無關。當朋友在咖啡廳告訴我們他即將成為爸爸時，我們可能正思考著要購買什麼、明天的會議得先準備什麼資料、順便瞄一眼手機螢幕上閃過的訊息。「什麼？你再說一次！」然後我們才吃驚地意識到，自己對於當下發生的林林總總，根本心不在焉。

滿足是對我們生活的綜觀，像是由一個個連在一起的瞬間組成鏈條。「我們是生命中所有時刻的總和。」作家湯瑪斯．沃爾夫（Thomas Wolfe）寫道。關鍵不是在時時刻刻感受到無比的快樂，而是要感受我們的每一個瞬間。這就是為什麼我們應該控制思緒漫遊，而不該沉迷於多工處理的愚蠢幻想。

思緒的漫遊常常使我們從自身游移到他人，然後我們就會開始比較——這是一種人類的深層需求，但卻往往侵蝕我們內在的平靜。二〇〇三年埃默里大學（Emory University）利用猴子進行的實驗，說明了其中的原因。[28]

兩隻捲尾猴並排坐在不同的玻璃盒子裡，一位實驗人員教牠們簡單的交換動作。如果猴子從縫隙裡遞給實驗人員一塊小石頭，就能獲得一片黃瓜作為回報。經過多次交換動作後，兩隻猴子靜靜地坐在一起進食。接著，實驗人員拿了一盤葡萄。第一隻猴子興奮地把石頭遞給她，並獲得一顆葡萄作為獎勵。第二隻猴子也遞出石頭，但是牠獲得的獎勵不是葡萄，仍是黃瓜。牠把那塊黃瓜扔向實驗人員，氣得在玻璃盒裡跳腳，大力敲打著玻璃。[29]

人們推測在演化過程中，將自己的努力和結果與他者進行比較變得很重要。一個願意接受比其他猴子平均而言較少食物的猴子，久而久之會有獲得較少的危機。這種基本態度可能導致在比較中永遠無法真正感到滿足。只有當第二隻猴子看到自己的鄰居獲得更好的獎勵，才開始對黃瓜感到不滿足。人類的心理機制類似：當鄰居每年只為家中帶回七萬五千歐元時，你賺十萬歐元，可能就會心滿意足；可是當鄰居每年賺二十萬歐元，而你只有十五萬時，就可能會導致自己極度沮喪與不滿。

此外，在每一次比較中，還存在著我們只將自己作為一個整體與他人的一部分進行比較的風險，而且比較的其實也只是他人的表象。我們很清楚自己的弱點、恐懼和缺陷，但是對其他人則缺乏這方面的了解，所以無法客觀比較。觀察朋友的感情關係時，我們可能會覺得自己的朋友與其男友不適合。然後當自己戀愛時，可能會覺得自己的情況比她好。這是一種向下比較，所以我們感覺更勝一籌，但這並不會帶來深層的滿足感，反而會讓我們常常感到內疚，此外，我們還會更頻繁地向上比較。[30]而向上比較尤其會讓我們感到失望，因為放眼望去，到處都有收入更高或是比我們更恩愛的人在公園裡散步。

「比較是幸福的終結及不滿的開始。」齊克果如此寫道。我們對於手中擁有玩具的快樂，從在幼兒園看到另一個小朋友拿著更好的鏟子在挖沙坑時，就消失了。不滿足始於這樣的態度。因為「比較」已在靈長類動物中根深蒂固，所以我們無法將它減少到零。我們的大腦渴望比較，以便了解自己所處的位置。基本上「比較」有助於設定目標以及自我激勵。但是，與其關注他人，不如用一種新方式將注意力集中在自己身上，對自我進行比較。一個滿足的業餘運動員會以自己的最佳成績為參照，而不會計較有多少人超越他。對他而言，重要的不是他在馬拉松比賽獲得的名次，而是自己是否比去年更早衝過終點。如果我們在留意他人的同時，多多關注自己，將現在與過去的自己進行比較，我們就會意識到自己已經獲取的成就。

二〇一五年，一項針對三十歲以下和六十歲以上的人所做的研究發現，將自己與他人進行比較的傾向會隨著年齡的增長而逐漸減弱。[31]研究人員推測，隨著年齡的增長，人們比較的對象傾向過去的自己，而不是當前的他人。

所以無須抗拒我們大腦對比較的需求，應該試著多和自己比較。隨著時間的推移，我們將更理解是什麼造就了我們，以及未來的方向。羅馬皇帝暨哲學家馬可斯·奧理略（Marcus Aurelius）建議說：「專注自己手邊的事，不要去注意別人的言行思想，就能獲得豐富的閒暇時間。」[32]

在我們所處的當今社會，要減少與他人比較不是那麼容易，因為我們花費大量時間在社群媒體上，那是一個明顯依賴比較的世界。Instagram、TikTok、Twitch、YouTube以及各式新平台不停向我們展示自己的生活與他人有多不同。睡前瀏覽Instagram，我們會看到其他人的各式動態，看到他們比我們更苗條、美麗、富有以及滿足。我們的手忍不住繼續滑動螢幕，而當我們終於甘願將手機擱置一旁並試圖入睡時，我們會心存不滿地盯著黑暗。雖然我們非常清楚，在數位世界裡，表象往往比現實重要，但依然會對自動比較的結果感到不安，那會讓我們感到沉重。

一項於二〇一九年發表的針對青少年的長期研究顯示，社群網路的使用與自我懷疑乃至憂鬱情緒之間存在明顯的關聯。[33] 那些經常面對完美身材以及令人羨慕的生活方式的人，往往會對自己的生活感到不滿。或許在此情況下，想想猴子與黃瓜的故事會有所幫助。

挪威的「惡魔之舌」（Trolltunga）一直以來都吸引大批遊客，它是一個位於令人嘆為觀止的自然景色前的懸崖。然而現在前往探訪的人必須排隊等候，依序向前，以便網紅可以單獨站在那兒拍攝獨照分享給粉絲，就像他們獨自存在一個遺世獨立的原始自然中。有些人為了拍出自己的完美照片而摔落懸崖、被野生動物攻擊，甚至是淹死。在印度，一些沿岸地區因為意外頻傳，導致政府不得不設立「禁止自拍區」來保護人們，避免他們因為過度想要自我展示而遭受傷害。[34]

照片可以捕捉生活的特別時光。但依照科學根據，當我們拍照的目的是為了日後能分享到網路上時，當下的樂趣就被破壞了。[35] 我們沒有盡情感受夕陽餘暉的魔幻，而是忙著滑螢幕拍下太陽。不是為了我們自己，而是為了其他人。儘管我們知道這不會讓我們快樂，但自己卻仍不由自主。

矽谷頂尖軟體工程師阿薩・拉斯金（Aza Raskin）在接受英國BBC訪問時說：「我們正處於全球有史以來最大規模的行為實驗中。」[36]拉斯金為臉書（Facebook）發明無限捲動（Infinite Scroll），創造了用手指無限滑出度假的歡樂照片、小貓短影音或是仇恨評論的可能。他警告說：「我們在手機螢幕上看到的種種，背後盡是上千名軟體工程師意圖使人對這玩意兒上癮的努力。例如，他們會改變『點讚』按鈕的顏色，思考應該要這種藍？還是該紅一點？他們會利用不同時機給你試用新的按鈕，直到找到最完美形狀和顏色，讓你的捲動極大化。」同場接受訪問的莉亞・普爾曼（Leah Pearlman），她協助開發「點讚」按鈕，表示自己也上癮了。她說：「如果我需要確認事情，我會查臉書。」二〇二〇年發表的一項研究顯示，特別是那些不善處理個人感受的人，時常是社群媒體的活躍用戶。[37]對於那些無法將自己的情緒引導到期望方向的人而言，他們需要多采多姿的圖片好讓自己暫時感覺好一點。

如今已經很難想像沒有智慧型手機的生活。第一代 iPhone 直到二〇〇七年才問世。隨著科技突飛猛進，我總是不禁想到那些猴子，一旦在牠們的遊戲中出現了「意外」，牠們腦內的多巴胺就會飆升。智慧型手機以相同的機制吸引人們進入數位世界，我們掏出手機只為了看看是否有人發布了一些有趣的內容。當我們因為動態消息（Feed）沒有為我們帶來獎勵，因為沒有新鮮事或者沒有重大新聞而感到失望——因為這次門後沒有食物當獎品等著我們，我們會立刻再次嘗試。手機畫面突來的閃光帶給我們廉價的快樂瞬間，正是這種「也許」以及害怕錯過的不確定性讓我們上癮——而上癮會侵蝕滿足感。

二〇二〇年，德國波鴻大學的心理學家茱莉亞．波列羅法絲克亞（Julia Brailovskaia）對兩組隨機組成的年輕男女進行了一項研究。[38]對照組持續正常使用社群媒體，而實驗組則被要求在兩週內每天減少二十分鐘的社群網路使用時間。後者在前七天表示有困難，他們對社群媒體的渴望反而因為減少使用量而增高，就像戒毒期間渴望「毒品」一樣。第二週情況開始有了轉變。他們表示憂鬱的症狀減少，並增加了健身、騎自行車、慢跑或是游泳等活動。這個實驗本身持續兩週，但卻產生了長期的影響。當波列羅法絲克亞三個月後再次訪問時，發現實驗組使用社群媒體的次數仍然較少，而且相較對照組，他們對社群媒體的渴望較低，同時他們的滿足感在三個月內有所提升。

一旦明白智慧型手機和隨時可用的社群媒體是由精明的大腦所設計的，以至於讓人難以抗拒時，我們就會清楚知道我們正在面對的是一種像咖啡或酒精一樣，會令人上癮的物質，只能適量。正如帕拉塞爾蘇斯（Paracelsus）醫生在五百年前寫道：「萬物皆是毒。無物不毒。只在劑量上決定差異。」保持適量，滿足感自會綻放。

「凡事少一點」是一種有望實現滿足感的心態。再加入「小一點」的元素則更佳。我們在處理情感時，常犯的一個典型錯誤就是誤信只有透過大幅度的改變，才可取得重大進展。就像維持戀愛感或是以更健康的方式面對飢餓一樣，一些微小的變化往往超出預期。而對於滿足感尤其如此。當我們反省並自問是什麼阻礙了我們更加滿足時，我們往往會往大處想。我們會認為自己缺乏完美的伴侶、缺乏一份能激發熱情的工作，或是少了一間有著落地窗的豪宅，讓我們可以有足夠的空間，可以在陽台上放鬆身心並欣賞田野風光。一個沒有陽台、窗外就是公車站的兩房公寓，如何能讓人心滿意足呢？

一九九〇年代，心理學家艾德・迪納（Ed Diener）就指出這種思考方式的謬誤。[39]他發現，心存滿足的人，他的生活是由許多正面的短暫時刻組成的。重要的不是擁有巨大的快感，快樂的方程式在於頻率而非強度。那些連續一個月內，每天都有一次小而美的經歷的人，平均而言，比那些偶爾經歷一次超級棒事物的人更滿足。悠閒地吃一頓早餐、午休時到外頭感受一下陽光灑在皮膚上、運動後來個泡泡浴，這些都是小事，但如果我們有意識地定期去體驗，它們會增加我們的滿足感。

◆◆◆

我們已經看到財富無法保證滿足感。儘管如此，我們本著滿足的精神去花錢，尤其當我們只是一般的受薪階級時。對應的經驗法則就是：少買東西。

我們的經濟之所以繁榮，是因為人們可以不厭其煩地排隊等候最新的 iPhone，購買比他們能穿的鞋子更多。多年來累積的研究結果表示，購物不會增加我們的滿足感，[40] 這可以從滿足感曲線隨收入增加而出現的轉折點看出。根據研究，任何有足夠的金錢追求自我實現的人，都不應該把錢花費在物質，而是應該用於體驗。[41] 背著大背包徒步旅行一週，比為了去飯店度假而花大錢購買法國精品行李箱更能增加滿足感。經歷會化為記憶，正如我們已經知道的，那可以減緩時光飛逝的速度，讓我們更有感。記憶與物質不同，它們只存在我們的腦海中，因此是獨一無二的，不能與任何東西相比。而它們最大的優點是，我們的大腦會隨著歲月的流轉，讓它們變得更美好。尤其是那些小意外或事故往往會在記憶中留下最深刻的印象。和好友在雨天一起渡過的露營假期，在帳篷周圍不停挖溝以防淹水的經歷，到後來成為難忘的冒險。

體驗將人與人連繫在一起，而物質則將人區分開來。當足球場上的選手進球時，球迷們會互相擁抱，在那一瞬間，誰開什麼車或是戴什麼牌子的手錶都不重要了。重點是體驗。記憶讓我們自由，而擁有的物資則束縛我們。我不驚訝《怦然心動的人生整理魔法》（*Magic Cleaning*）會成為全球暢銷書，作者近藤麻理惠（Marie Kondo）在書中解釋了整理生活、扔掉東西並從不必要的包袱中解脫出來的感覺有多好。我們很難從自己擁有的堆積如山的東西中重新找回滿足感。所以對於我們自己和地球而言，一開始就別將金錢花在物質上，而是在體驗上會更好。

調查還顯示，無論在世界何處，滿足感與用金錢換取時間的意願都有關聯。[42] 我們付費請會計師處理報稅，而不是利用週末時間自行整理發票和填表格；我們會付費請鄰居男孩幫忙修剪草坪，請清潔公司擦拭窗戶。我們不應因此覺得自己很懶惰，而應該意識到我們經常讓自己的生活充斥各項事務和計畫。如果我們能夠負擔得起，以這種形式換取空閒時間，讓腦袋得以休息，那感覺會很好。[43]

然而在我看來，迄今用金錢換取幸福最安全的方式是買東西給別人。二〇〇八年，數百名美國人被問及他們如何花錢。[44]調查結果發現，把錢花在自己身上與個人的滿足感之間不存在任何關聯；相對的，為別人的支出則存進我們的滿足感帳戶中。六個月後，那些在工作上獲得五千美金並買了或捐贈了一些東西給別人的人，比起把錢花在自己身上的人明顯更加滿足。[45]沒有什麼比為他人奉獻更自私的。

如果我們有足夠的能力來賺取比基本所需更多的錢，那麼滿足方程式就會非常簡單：如果我們為他人購買經驗、時間和東西，而不是為自己堆積大量物品，我們的滿足感就會增加。

◆◆◆

最終，我們的情感世界是決定我們在滿足感階梯所處位置的關鍵。無論我們是投入愛情，還是對自己多些關懷，滿足感都來自以健康的方式處理我們的感受，這不僅包括正面，也包括負面的感受，能夠讓自己好好感受是通往滿足之旅的重要組成部分。

在一個將追求快樂作為生活訴求的世界裡，每件事以及每個人正向的一面都必須被看到，想要感覺良好確實存在壓力。然而負面感受並不是要讓我們生活變得不好過，反而是想幫助我們，如同我們在此一次次所看到的那樣。恐懼試圖保護我們；憤怒可以轉化為能量；無聊有助於增添意義；哀悼則將我們與他人連繫起來；當我們感到羞愧時，我們更願意原諒自己並重新融入社群；[46] 表現出悲傷的人會得到其他人（甚至是兒童）的幫助；[47] 而嫉妒，儘管令人討厭，它也會促使我們竭盡所能，維護我們最重要的關係，因為那是某人對我們的意義重大的標誌。[48]

感覺不好是人的一部分。那些壓抑所謂負面情緒並且不願感受它們的人，都會表現得不自然。因此，最新的研究表明，感知世界的陰暗面有助於滿足感，我們也無須感到意外。

加州大學柏克萊分校的艾瑞絲．茂斯（Iris Mauss）教授針對舊金山地區一千三百多名成年人進行的一項研究表明，抗拒黑暗情緒的人會在面臨壓力時感到疲憊不堪。茂斯推論，如果我們抗拒自己的負面情緒，它們反而會累積，從而加重影響。[49]以色列心理學家瑪雅．塔米爾（Maya Tamir）在二〇一七年發表了一項針對兩千多名受訪者的國際研究，證實了這一點。[50]事實證明，我們的滿足度還取決於自己是否有合適的感覺，至於是正面還是負面的感受，並不重要。我們的生活充滿了感覺不好的時刻，一旦接受它們時，就會過得比較好。當然，戀愛總比哀悼好。但是當一個人去世時，我們可以深感難過，而且允許自己有這種感覺。如果我們透過化療而倖存下來，那麼將其視為一種可怕的壓力是合理的，而無須將其視為任何特殊的「生命經歷」。「如果我們對自己的負面情緒少些負面評價，我們就會覺得更滿足些。」塔米爾向我如此解釋。這是她這份研究中最重要的發現之一。

沒有人應該陷在負面情感中。憂鬱症是一種需要治癒的疾病。然而，只有幾天的情緒低落絕非災難。人們曾經認為些許惆悵是生活的一部分，沒有人會對此反感。如果我們不允許自己難過，因為我們總是想要「快樂」，因為人應該要樂觀，那我們就會攻擊自己的心靈。社會科學家亞瑟・布魯克斯（Arthur Brooks）為此找到了一個貼切的詞彙。他在《大西洋》（*The Atlantic*）月刊的文章寫道，當我們試圖從日常生活中消除負面感受時，很容易會導致「情緒過敏」。[51]那些壓抑日常生活中都會經歷的小低潮的人，最終會對負面情緒產生過敏反應。這很危險，因為在那些我們別無選擇的時刻，而且無法再忽視恐懼、悲傷或憤怒時，我們會缺乏冷靜，無法從容地去感受這些感覺。

古波斯最重要的學者和詩人之一魯米（Rumi）將我們的感受描述為「意外的造訪」。好一個美妙的比喻。因為根據波斯文化中的熱情好客，魯米認為人們應該為所有感受敞開大門，即使是負面的感受也以平靜的微笑歡迎。當腦中的烏雲遮擋視線時，唯有打開門，感受它，接受它，讓它們都通過，才是正確的方法。

對我來說，通往滿足的道路是以與死亡和解為終點。我堅信滿足的生活需要一個結局。死亡是生命的一部分，也許聽起來順理成章，但當我們聽到 Google 投資「永生」時，就會明白，有些人明顯不想再接受這種理所當然。

害怕死亡是我們的天性，但因此而否認死亡卻不明智。今日我們知道，對「有限性」（Endlichkeit）的認識可以增加滿足感。[52]正因為生命不是無限期的，所以日常生活中的細枝末節才變得更有意義。流逝的時間就是逝去了，哪怕只是一個小時，都無法失而復得。從心理學的角度來看，試圖抗拒才是錯誤的方法。

我們的幸福感取決於我們享受當下並與他人建立良好關係。如果今天每兩對佳偶就有一對以離婚告終，那麼當未來的九十年過去後，直到「死亡將我們分開」會是怎樣的情況呢？隨著年齡的增長，人們會逐漸泰然自若，研究顯示，人們看待事物的方式也會跟著改變。當人們越來越意識到自己的時間有限，他們會更容易從一塊巧克力蛋糕、和孫子在樹林度過秋日午後，或是一張朋友寄來的明信片中獲得滿足。[53]

二〇一八年發表的一項研究，要求美國的年輕人想像自己只剩下四週的時間住在目前的住處，然後就要搬到很遠的地方。[54]光是這樣的想像就導致受測對象在隨後的報告，表現出明顯更多的滿足感，而對照組在實驗期間僅須記錄自己的行為。造成這種差異的一個關鍵原因在於他們感到與他人有著緊密的連繫。當離別漸近之時，人們才會意識到父母、朋友或同事這些真實擁有的東西。而在一個無限的生命裡，這種印象只會逐漸淡化。

不時提醒自己，沒有什麼是永恆的，可以帶來滿足感。

◆◆◆

人是一種貪得無厭的動物，一不小心，可能很快就會開始追逐滿足感。諸凡順遂是我們文化裡預期的標準。即使我們大致上一切都好，而且大部分時間都感到滿足，但內心總有個聲音不時地問：「難道就只有這樣？」

艾德．迪納教授可能會對此持不同意見。這位學者認為「最佳滿足度」其實低於可能的最大值。[55]這將我們最後再次帶回到本章開頭所提的階梯。迪納將第八梯級稱為「神奇的一階」。[56]在第八階以上，人可能會變得懈怠，儘管內心其實想要進一步發展。這種所謂的「最佳」（Optimum）的概念在科學上是充滿爭議的。[57]而我個人非常喜歡，因為在其中我感到安寧，而這也是滿足感中最吸引我的部分。不在頂階，而是安逸地生活在第八梯級，聽起來是可以實現的，尤其是在我們這樣一個平均水準已經達到七．一階的國家。

想成為人，就必須去感覺

無盡旅程的尾聲

WER MENSCH SEIN WILL, MUSS FÜHLEN

Zum Ende einer Reise ohne Ende

情感就是一切。

——歌德

對於馬丁・托比亞斯（Martin Tobias）而言，地球上幾乎找不到比加州更適合傳播其信念的地方。因為住在比佛利山莊的居民收入高，對生活的要求更高，所以當他於二〇一九年在此開設全球首創的生物駭客工作室「升級實驗室」（Upgrade Labs）時，他期待能自此大發利市。這位企業家保證每個會員只要月繳一千美元的會費，就能從普通人變成「超人」。

「超人會說：我不接受平凡，也不接受自己當普通人。我想釋放所有潛能，提升自己。」托比亞斯用簡潔有力的語氣向我解釋道。他的實驗室提供幹細胞注射、保健食品和脈衝光活化肌膚。據稱，高壓氧細胞訓練機使用氣壓對身體進行訓練，零下一百零四度的冷凍艙可在幾分鐘內燃燒體脂肪，而虛擬漂浮艙則可幫助大腦進入θ波狀態，激發清晰的思路和創造力。他們還提供其他十幾個服務項目，計畫在全球建立加盟機構，以迅速拓展市場。

當我請托比亞斯想像如何向一個孩子解釋「升級實驗室」的目標時，他停頓了一下，然後說：「你真的很幸運是出生在現代，因為在未來的二十年裡，你投資自己健康和健身的機會，比二十年前出生的人要好上一百倍。你可以利用先進的技術來提高自己的表現。」

然後他隨興補充說：「順帶一提，如果你不利用所有這些技術，你就會被甩在後方。在人工智慧運用於各式工作並做得比人類更好的時代，想要有用武之地，就必須投資自己，並確保成為最好的人。」

我知道這位企業家自己也有小孩，他最小的女兒哈珀才四歲。所以我問他是否會說自己的孩子不完美，是否也想對她進行升級。這位超人製造者毫不猶豫斬釘截鐵地回答：「是！」

這段對談是我為這本書所做的早期訪談之一，但它始終縈繞心頭。我並非擔憂那些保證缺乏科學證據，也不是覺得有錢人想要「升級」有什麼道德上的缺失。事實上，生物駭客工作室的需求是存在的，而且許多風氣已經從加州席捲到全世界。

渴望自我升級，改造成為「超人」的需求，象徵一種看待自己的危險態度。智人將不斷增加的可能性與越來越高的需求結合起來，相得益彰。為了在這個世界上生存，人必須變得更強大並充分發揮潛力。乍聽之下，托比亞斯說的是正確的，所有逃避這一點的人都會落於人後。但再細思一下，他的願景少了關鍵的前提，即「如果一切照舊的話」。

我們生活在一個充滿變革的時代。「我到底是誰，我想成為誰？」或許從未如此困難找到這個問題的答案。持續更新的技術、傳統的式微、網路數位經濟和生態破壞等都對我們構成挑戰。當一個人好艱巨，只是並非毫無希望。我們就承認電腦計算速度比人更快，可以處理更多數據而不會出錯，並且永遠不會過勞死，同時也橫掃所有領域。讓我們舉起白旗，對這場早已經輸掉的競賽認輸。無論人類經歷多少次升級，都永遠無法在這領域上與人工智慧匹敵。哈珀的未來在於她的感知能力，因為那使她具備人性，從而在與機器的競爭中佔據壓倒性的優勢。

不承認人工智慧會吞噬人類的工作，就是自欺欺人。雖然那對每個當事人都可能代表一個悲劇，但我們不能以此為理由，認為所有人都必須提高產出、做得更好以跟上腳步。即使演算法有助於診斷乳腺癌，或是讓我們睡在駕駛座的同時幫我們把車駕駛得更好，仍然還有無數領域，機器只能作為第二選擇，因為在這些領域人類更擅長。無論是護理、外交、道德、教育、手工藝、治療、哲學、教養、藝術或法律等，儘管有種種進步，我們始終需要有感覺的人們參與。機器不會感到恐懼，也不會覺得羞恥，而這都是跨越界線時需要的感覺。它們既不會對不公不義憤怒，也不會因為無聊而產生創造力，更不明白熱情能激勵他人一同響應。沒有演算法可以不求回報地愛孩子，沒有電腦能夠對學生傳授價值觀。沒有機器人有能力向病人或老人表達他們應得的同情和感念。

我們對於人類今日以及日後都無法被取代的領域，需要更多認可。

綜觀整個局勢，我不接受任何形式的悲觀主義。這並非智人第一次證明自己的適應能力。如果我們能教會機器思考，肯定會笑自己怎麼無法尋思如何在大舞台上扮演與機器不同的角色。人類是希望在生命中持續發展的，而此刻比以往任何時候都更值得，我對此充滿信心，相信一定能成功。

而在我們個人生活的小舞台上，接受「沒有所謂的負面情緒，而只有負面的處理方式」這個概念，以及同意「感覺世界的每個部分對我們都有價值」這個事實，都能對我們帶來益處。儘管每個人的感受不同，但我們並不孤單，因為我們都會有感到害怕或憤怒、不耐煩、瘋狂地戀愛或對生活感到不滿的時候。一旦明白這一點，就能令人感到寬慰與釋然。

前段時間我和幾個朋友去餐廳吃飯，散會時朋友表示我變了。她說：「自從你開始做那事之後，似乎更坦然面對人際關係，也變得更穩重冷靜。」「那事」指的是寫這本書。每次的旅行都會改變我們。我們不可能和人對談或是閱讀完一份實驗資料之後，還能像原來那般繼續前進，總會從中得到些東西。問題是獲得的數量以及如何利用。

我在旅程中學會了更仔細聆聽自己的感受，將其視為人的一種能力，並且不那麼嚴格地評斷它們，而是讓它們如實地出現與離去。當然，我並沒有變得與以往截然不同。我依然會偶爾因焦慮從夢中驚醒，依然在自己身上看到父親對工作過於熱情的傾向，依然很難在火車上只欣賞窗外而不看手機。對我來說，儘管不會成為超人，但是我絕對會更加從容地繼續完成旅程，因為我們都將持續感受，直到最後一天。

我十分贊同美國心理學家和諮商師卡爾．羅傑斯（Carl Rogers）的觀點：「弔詭的是，一旦我接受自己本來的模樣，那麼我們就會改變。」如果人類接受自己有情眾生的本來面目，我相信作為智人的我們就有絕佳的機會改變自己，從而解決全球社會未來的挑戰，同時每個人都能過上更美好，更心理健康，尤其是更像人的生活。

所以，祝你旅途愉快！

誌謝

路易莎總是面帶微笑充滿信心地對我說「別放棄」，而其他三個人則說「慢慢來」。首先，我要感謝我最親愛的路易莎（Luisa）、漢納斯（Hannes）、碧基特（Birgit）以及佛洛（Flo）。內心則期許他日寫作於我而言將不再是難事。而在那之前，我需要你們的支持來完成每一頁。過去兩年半裡，你們一遍又一遍地幫我走出谷底，不斷地閱讀和改進我的文章。如果沒有你們，我可能早就放棄了；或是在邁向目標的途中，被捲入捲尾猴、糞便捐贈和腦起搏器的思緒中而迷失方向。感謝你們的愛、對我的信心以及明確的建議。

◆◆◆

「里昂，我一切就緒，可以和你通電話了。卡根。」當我在二〇一九年春天首次獲得訪問的應允時，簡直不敢相信。書中採訪的研究人員於我而言都像碧昂絲（Beyoncé）或布萊德彼特（Brad Pitt）一樣是大明星。對於所有回覆我的電子郵件並且花時間分享知識的你們，我由衷感謝。你們拓展了我們的視野，創造了知識並幫助我們理解更多。這個世界比以往任何時候都更需要你們的耕耘。

除了文中提到的學者之外，Bryan Denny 博士、Joana Duarte 博士、Paul Gilbert 教授、Craig Hassel 教授、Ilona de Hooge 教授、Erich Kasten 教授、Autumn Kujawa 博士、Gary Lewandowski 教授、Filip Lievens 教授、在德黑蘭的 Rostami Reza 教授以及他的團隊、Julia Rucklidge 教授、Philipp Schäpers 教授還有 June Tangney 教授，他們的研究都以非常不同的方式促成這本書的完成。

◆◆◆

我由衷地感謝安蒂．哈塔德（Andy Hartard），不願「只」稱她為我的編輯，因為她的身分遠遠不止於此。她的意見、修正、指點，特別是她對研究的熱情都是無價的。

我還要感謝我的管理團隊，包括 Töne Stallmeyer、Marcel Schweers 以及 Selina Gäer，感謝他們做出的決策、耐心、對內容的興趣以及豐富的經驗。我要感謝 Rowohlt 出版社的 Johanna Langmaack 和她的團隊，感謝他們對這本書的信任，並願意與我就文字、封面和每個小細節反覆交流。

此外，我要感謝 Markus Pawelzik 博士在尾聲時充滿智慧的看法，Lukas Klaschinski 的深度（心理學的）討論，Friedemann Findeisen 提供的《如何？那又如何？現在要如何？》（*what? so what? now what?*）的啟發，以及與 Atze Schröder 一起長達一個小時漫遊在感覺世界中，還要感謝公關團隊的 Heiko Neumann 以及 Anne Bodil Wohlert，他們讓更多人們知道有這本書，還有我的室友提供的晚餐與討論，最後就是 Nina Wewers 和 MS Günther 團隊，他們在沒有我的情況下把我們的公司運轉得比以往任何時候都好。

後記

我曾在哈拉瑞（Yuval Noah Harari）教授所著《人類大命運》（*Homo Deus*）一書的結尾，開心地讀到如何用非常透明的方式處理可能的訛誤。我常喜歡參考：

寫作本書時，我盡力使用最新的資料來源、最有見地的專家看法以及最經得起檢驗的事證。但如同所有人類的努力一樣，錯誤仍是不可避免的。儘管我和我的編輯們盡了最大的努力，我的文字仍可能含有錯誤，此外情緒和感受領域的研究目前正在以飛快的速度發展。

因此，我希望當你閱讀這本書時，明白科學中沒有什麼是一成不變的，並且抱持批判性的態度去檢視、調整甚至摒棄書中的見解。如果你發現有訛誤，請寫信給我：

kontakt@leonwindscheid.de

◆◆◆

我會把能找得到，同時有依據的答案發布在網站「leonwindscheid.de/errata」上，並在再版時修正。

備註

旅行地圖
為什麼我們會有感覺？

1 McKinney et al. (2020). International Evaluation of an AI system for Breast Cancer Screening. Nature.

嬰兒與怪獸
關於恐懼的美好面向

1 Montaigne, Michel de (1998): Essais. 漢斯・斯蒂萊特（Hans Stilett）的第一部現代完整譯本（由 Eichborn 出版社作為其他圖書館的特輯出版，法蘭克福，© AB–Die Andere Bibliothek GmbH & Co. KG, Berlin 1998, 2011）。

2 傑羅姆・卡根在我們的談話中向我詳細介紹了該實驗。包含年份的詳細報告可參考：Marantz Henig（2009 年 4 月 10 日）。Understanding the Anxious Mind. The New York Times Magazine.

3 R+V-Infocenter. (2020). Die sieben größten Ängste der Deutschen 2020. 2020 年 12 月 14 日檢索自：ruv.de/static-files/ruvde/images/presse/StaticFiles_Auto/ruvaengste-top-seven.jpg

4 Global Burden of Disease Collaborative Network. (2018). Global Burden of Disease Study 2017 (GBD 2017) Results. Seattle, United States: Institute for Health Metrics and Evaluation (IHME).

5 Bandelow & Michaelis. (2015). Epidemiology of Anxiety Disorders in the 21st Century. Dialogues in Clinical Neuroscience.

6 Klüver & Bucy. (1939). Preliminary Analysis of Functions of the Temporal Lobes in Monkeys. Archives of Neurology and Psychiatry.

7 Hoehl et al. (2017). Itsy Bitsy Spider…: Infants React with Increased Arousal to Spiders and Snakes. Frontiers in Psychology.
8 Hanson. (2013). Hardwiring Happiness: The Practical Science of Reshaping Your Brain – and your life. Rider Books.
9 Our World in Data. (2007 – 2017). How many People are Killed by Terrorists Worldwide? 2020 年 10 月 1 日檢索自：https://ourworldindata.org/terrorism#how-many-people-are-killed-by-terrorists-worldwide
10 WHO.（2017 年 5 月 17 日）Cardiovascular Diseases (CVDs). 2020 年 10 月 1 日檢索自：who.int/en/news-room/fact-sheets/detail/cardiovascular-diseases-(cvds)
11 Werte für Deutschland, USA und Großbritannien: Statista.（2020 年 5 月 31 日）Share of Persons Most Worried about the COVID-19/Coronavirus Pandemic in the United States, United Kingdom and Germany. 2020 年 12 月 14 日檢索自：statista.com/statistics/1105848/covid-19-pandemic-share-of-most-worried-persons-in-selected-countries/
Werte für Deutschland: Statista.（2020 年 9 月 15 日）Was beschreibt am besten Ihre Gefühle in Bezug auf eine Ansteckung mit dem Coronavirus (COVID-19)? 2020 年 12 月 14 日檢索自：de.statista.com/statistik/daten/studie/1119217/umfrage/umfrage-in-deutschland-zu-angst-vor-ansteckung-mit-dem-coronavirus/
12 Kagan & Snidman. (2009). The Long Shadow of Temperament. Harvard University Press.
13 在這本書中，卡根對「氣質」一詞進行了廣泛的討論。見 Kagan. (2018). Galen's Prophecy: Temperament In Human Nature. Routledge.
14 此處總結了結果：參見 Kagan & Snidman (2009)。
15 Schwartz et al.(2010). Structural Differences in Adult Orbital and Ventromedial Prefrontal Cortex Predicted by Infant Temperament at 4 Months of Age. Archives of General Psychiatry. Schwartz 在訪談過程中也提到了十九號嬰兒。參見 Kagan & Snidman (2009)。
16 Schwartz et al. (2003). Inhibited and Uninhibited Infants "Grown up" : Adult Amygdalar Response to Novelty. Science.
17 Schwartz et al. (2010).

18 Keller et al. (2012). Does the Perception that Stress Affects Health Matter? The Association with Health and Mortality. Health Psychology.
19 Brooks. (2014). Get Excited: Reappraising Pre-Performance Anxiety as Excitement. Journal of Experimental Psychology: General.
20 同上。
21 Tallis et al. (1994). The Phenomenology of Non-pathological Worry: A Preliminary Investigation. 自：Davey & Tallis（編）. Worrying. Perspectives on Theory, Assessment, and Treatment. Wiley; Gonçalves & Byrne. (2013). Who Worries Most? Worry prevalence and Patterns across the Lifespan. International Journal of Geriatric Psychiatry.
22 Kim & Newman. (2019). The paradox of relaxation training: Relaxation induced anxiety and mediation effects of negative contrast sensitivity in generalized anxiety disorder and major depressive disorder. Journal of Affective Disorders.
23 圖改編自：Becker & Margraf. (2017). Vor lauter Sorgen… Programm PVU Psychologie Verlagsgruppe in der Verlagsgruppe Beltz. Weinheim/Basel.
24 同上。
25 Zoogman et al. (2015). Mindfulness Interventions with Youth: A Meta-analysis. Mindfulness; Ledesma & Kumano. (2009). Mindfulness-based stress reduction and Cancer: a Meta-analysis. Psycho-Oncology: Journal of the Psychological, Social and Behavioral Dimensions of Cancer; Kuyken et al. (2015). Effectiveness and Cost-effectiveness of Mindfulness-based Cognitive Therapy Compared with Maintenance Antidepressant Treatment in the Prevention of Depressive Relapse or Recurrence (PREVENT): a randomized controlled trial. The Lancet.
26 Hoffmann et al. (2010). The Effect of Mindfulness-based Therapy on Anxiety and Depression: A Meta-analytic Review. Journal of Consulting and Clinical Psychology.

蝴蝶歸來
愛到至死方休

1 Dutton & Aron. (1974). Some Evidence for Heightened Sexual Attraction under Conditions of High Anxiety. Journal of Personality and Social Psychology.

2 Acevedo & Aron. (2014). Romantic Love, Pair-bonding, and the Dopaminergic Reward System. 自：Mikulincer & Shaver（編）. The Herzliya Series on Personality and Social Psychology. Mechanisms of Social Connection: From Brain to Group. American Psychological Association.

3 Shohat-Ophir et al. (2012). Sexual Deprivation Increases Ethanol Intake in Drosophila. Science.

4 De Boer et al. (2012). Love is more than just a kiss: a neurobiological perspective on love and affection. Neuroscience.

5 同上。

6 IsHak et al. (2011). Oxytocin Role in Enhancing Well-being: a Literature Review. Journal of Affective Disorders.

7 Young & Wang. (2004). The Neurobiology of Pair Bonding. Nature Neuroscience.

8 Walcott & Ryabinin. (2017). Alcohol's Effects on Pair-bond Maintenance in Male Prairie Voles. Frontiers in Psychiatry.

9 Cormier.（2013 年 6 月 2 日）. Gene Switches make Prairie Voles fall in Love. 2020 年 12 月 16 日檢索自：nature.com/news/gene-switches-make-prairie-voles-fall-in-love-1.13112

10 Acevedo & Aron. (2009). Does a Long-term Relationship Kill Romantic Love?. Review of General Psychology.

11 Acevedo et al. (2012). Neural Correlates of Long-term Intense Romantic Love. Social Cognitive and Affective Neuroscience.

12 https://www.elsevier.com/connect/anthropologist-and-love-expert-helen-fisher-on-the-mysteries-of-love

13 Aron & Aron. (1996). Love and Expansion of the Self: The State of the

Model. Personal Relationships. 此外，還可以參考一本關於愛情的好書的第一章，該章節清楚介紹了此模型：Aron & Tomlinson. (2019). Love as Expansion of the Self. 自：Sternberg & Sternberg（編）. The New Psychology of Love. Cambridge University Press.

14 Aron et al. (1995). Falling in Love: Prospective Studies of Self-concept Change. Journal of Personality and Social Psychology.

15 Fredrickson. (2004). The Broaden-and-build Theory of Positive Emotions. Philosophical Transactions of the Royal Society of London. Series B: Biological Sciences.

16 Aron et al. (1992). Inclusion of Other in the Self Scale and the Structure of Interpersonal Closeness. Journal of Personality and Social Psychology.

17 Cheng et al. (2010). Love Hurts: an fMRI study. Neuroimage.

18 Coan, J. A., Schaefer, H. S., & Davidson, R. J. (2006), Lending a Hand: Social Regulation of the Neural Response to Threat. Psychological Science, 17(12), 1032 – 1039.

19 Aron et al. (2013). The Self-expansion Model of Motivation and Cognition in Close Relationships. 自：Simpson & Campbell（編）. Oxford Library of Psychology. The Oxford Handbook of Close Relationships. Oxford University Press.

20 Reissman et al. (1993). Shared Activities and Marital Satisfaction: Causal Direction and Self-expansion versus Boredom. Journal of Social and Personal Relationships.

21 描述於：Gottman & Gottman. (2008). Method Couple Therapy. 自：Gurman（編）. CliniCal Handbook of Couple Therapy (4th ed.).

22 Gottman & Levenson. (1992). Marital Processes Predictive of Later Dissolution: Behavior, Physiology, and Health. Journal of Personality and Social Psychology.

23 https://observer.com/2017/07/how-to-have-an-amazing-relationship-seven-secrets-from-research-communication-connection-albert-ellis/

24 Loving & Slatcher. (2013). Romantic Relationships and Health. 自：Simpson & Campbell（編）. Oxford Library of Psychology. Oxford University Press; Kim & Hatfield. (2004). Love Types and Subjective

Well-being: A Cross-cultural Study. Social Behavior and Personality: an international journal; Markey et al. (2007). Romantic Relationships and Health: An Examination of Individuals' Perceptions of Their Romantic Partners' Influences on Their Health. Sex Roles.

一個短暫的漫長時間
我們如何暫緩飛逝時光？

1 Wilson et al. (2014). Just Think: The Challenges of the Disengaged Mind: Science.
2 Johnson.（2014 年 7 月 3 日）. People Prefer Electric Shocks to Time Alone with Thoughts. The Boston Globe.
3 Chu.（2020 年 12 月 16 日）. New Type of Atomic Clock Keeps Time Even More Precisely. 2021 年 1 月 11 日檢索自：https://news.mit.edu/2020/atomic-clock-time-precise-1216
4 Eagleman.（2016 年 6 月 21 日）. BBC Ideas – The Time-bending Power of Your Brain von BBC Ideas. 2020 年 12 月 16 日檢索自：youtube.com/watch?v=T1AK8gJRUJo
5 Stetson et al. (2007). Does Time Really Slow Down During a Frightening Event? PLOS ONE.
6 圖改編自：Wittmann, M. (2012). Gefühlte Zeit: Kleine Psychologie des Zeitempfindens. C. H. Beck.
7 Brodsky & Amabile. (2018). The Downside of Downtime: The Prevalence and Work Pacing Consequences of Idle Time at Work. Journal of Applied Psychology.
8 INRIX 2019 Global Traffic Scorecard. 2020 年 12 月 16 日檢索自：inrix.com/scorecard/
9 Eastwood et al. (2012). The Unengaged Mind: Defining Boredom in Terms of Attention. Perspectives on Psychological Science.
10 Elpidorou. (2018). The Good of Boredom. Philosophical Psychology.
11 Van Tilburg & Igou. (2012). On Boredom. Lack of Challenge and Meaning

as Distinct Boredom Experiences. Motivation and Emotion.
12 Gasper & Middlewood. (2014). Approaching Novel Thoughts: Understanding Why Elation and Boredom Promote Associative Thought More than Distress and Relaxation. Journal of Experimental Social Psychology; Park et al. (2019). Why Being Bored Might Not Be a Bad Thing after All. Academy of Management Discoveries; Mann & Cadman. (2014). Does Being Bored Make Us More Creative?, Creativity Research Journal.
13 Elpidorou. (2014). The Bright Side of Boredom. Frontiers in Psychology.
14 Tsapelas et al. (2009). Marital Boredom Now Predicts Less Satisfaction 9 Years Later. Psychological Science.
15 Raffaelli et al. (2018). The Knowns and Unknowns of Boredom: A Review of the Literature. Experimental Brain Research; Mak et al. (2017). The Default Mode Network in Healthy Individuals: a Systematic Review and Meta-analysis. Brain Connectivity.
16 Safranski. (2015). Zeit. Was sie mit uns macht und was wir aus ihr machen. Carl Hanser Verlag.
17 Maul. (2008). Walking Backwards Into the Future. The Conception of Time in the Ancient Near East. 自：Miller（編）. Given World and Time. Temporalities in Context. Central European University Press.

紅色的多重色調
如何化解我們的憤怒？

1 Freedomways: A Quarterly Review of the Negro Freedom Movement. 自：Esther Cooper Jackson（編）, Freedomways Reader: Prophets in Their Own Country, 36 頁。
2 Gandhi. (2017). Wut ist ein Geschenk. Das Vermächtnis meines Großvaters Mahatma Gandhi. DuMont.
3 刑法。特殊部分（§§80–358），第 16 條，危害生命罪，§213。
4 Barrett. (2017). How Emotions Are Made: The Secret Life of the Brain. Houghton Mifflin Harcourt. Barrett 在這段談話說明得非常清楚：ted.

com/talks/lisa_feldman_barrett_you_aren_t_at_the_mercy_of_your_emotions_your_brain_creates_them?language=de

5 Gendron et al. (2018). Universality Reconsidered: Diversity in Making Meaning of Facial Expressions. Current Directions in Psychological Science; Gendron et al. (2020). Emotion Perception in Hadza Hunter-Gatherers. Scientific Reports.

6 Jack et al. (2012). Facial Expressions of Emotion Are Not Culturally Universal. Proceedings of the National Academy of Sciences; Elfenbein & Ambady. (2002). On the Universality and Cultural Specificity of Emotion Recognition: a Meta-analysis. Psychological Bulletin.

7 Feldman Barrett. (2017). How Emotions Are Made: The Secret Life of the Brain. Houghton Mifflin Harcourt.（第一章：The search for Emotion's Fingerprints）

8 Feldman Barrett. (2017). Peripheral Physiological Changes During Emotion. 他在此處詳細介紹了四項彙整分析。2020 年 12 月 16 日檢索自：how-emotions-are made.com/notes/Peripheral_physiological_changes_during_emotion

對於四項彙整分析，參見：Cacioppo. (2000). The Psychophysiology of Emotion. 自：Lewis & Haviland-Jones（編）. Handbook of Emotions (2nd ed.). Guilford Press; Stemmler. (2004). Physiological Processes During Emotion. 自：Philippot & Feldman（編）. The Regulation of Emotion. Lawrence Erlbaum & Associates; Lench et al. (2011). Discrete Emotions Predict Changes in Cognition, Judgment, Experience, Behavior, and Physiology: a Meta-analysis of Experimental Emotion Elicitations. Psychological Bulletin; Siegel et al. (2018). Emotion Fingerprints or Emotion Populations? A Meta-analytic Investigation of Autonomic Features of Emotion Categories. Psychological Bulletin.

9 Feldman Barrett. (2017). How Emotions are Made: The Secret Life of the Brain. Houghton Mifflin Harcourt.

10 Veenstra et al. (2018). The Facts on the Furious: a Brief Review of the Psychology of Trait Anger. Current Opinion in Psychology.

11 Wilkowski & Robinson. (2010). The Anatomy of Anger: An Integrative

Cognitive Model of Trait Anger and Reactive Aggression. Journal of Personality.
12 Kerr & Schneider. (2008). Anger Expression in Children and Adolescents: A Review of the Empirical Literature. Clinical Psychology Review.
13 Kring. (2000). Gender and Anger. Cambridge University Press.
14 Becker. (2007). The Confounded Nature of Angry Men and Happy Women. Journal of Personality and Social Psychology.
15 Hess. (2009). Face Gender and Emotion Expression: Are Angry Women More like Men? Journal of Vision.
16 Cole et al. (2003). Mutual Emotion Regulation and the Stability of Conduct Problems between Preschool and Early School Age. Development and Psychopathology.
17 Tasca et al. (2012). Women and Hysteria in the History of Mental Health. Clinical Practice and Epidemiology in Mental Health. Maines. (2001). The Technology of Orgasm: "Hysteria" , the Vibrator, and Women's Sexual Satisfaction. Johns Hopkins University Press; North. (2015). The Classification of Hysteria and Related Disorders: Historical and Phenomenological Considerations. Behavioral Sciences.
18 Del Vecchio & O'Leary. (2004). Effectiveness of Anger Treatments for Specific Anger Problems: A Meta-analytic Review. Clinical Psychology Review; Chervonsky & Hunt. (2017). Suppression and Expression of Emotion in Social and Interpersonal Outcomes: A Meta-analysis. Emotion.
19 Butler et al. (2003). The Social Consequences of Expressive Suppression. Emotion.
20 Doucleff.（2019 年 1 月 28 日）. Got Anger? Try Naming It To Tame It. National Public Radio. 2020 年 7 月 3 日檢索自：npr.org/sections/health-shots/2019/01/28/688180879/got-anger-try-naming-it-to-tame-it?t=1593783723612
21 Feldman Barrett.（2018 年 6 月 21 日）. Try These Two Smart Techniques to Help You Master your Emotions. TED. 2020 年 7 月 3 日檢索自：ideas.ted.com/try-these-two-smart-techniques-to-help-you-master-your-emotions/

22 Feldman Barrett et al. (2001). Knowing What You're Feeling and Knowing What to Do About It: Mapping the Relation between Emotion Differentiation and Emotion Regulation. Cognition and Emotion.
23 Hagelskamp et al. (2013). Improving Classroom Quality with the RULER Approach to Social and Emotional Learning: Proximal and Distal Outcomes. American Journal of Community Psychology.
24 Pond. (2012). Emotion Differentiation Moderates Aggressive Tendencies in Angry People: A Daily Diary Analysis. Emotion.
25 Demiralp et al. (2012). Feeling Blue or Turquoise? Emotional Differentiation in Major Depressive Disorder. Psychological Science; Kashdan & Farmer. (2014). Differentiating Emotions Across Contexts: Comparing Adults with and without Social Anxiety Disorder Using Random, Social Interaction, and Daily Experience Sampling. Emotion.
26 Adam & Brett. (2018). Everything in Moderation: The Social Effects of Anger Depend on its Perceived Intensity. Journal of Experimental Social Psychology.
27 Bushman. (2002). Does Venting Anger Feed or Extinguish the Flame? Catharsis, Rumination, Distraction, Anger, and Aggressive Responding. Personality and Social Psychology Bulletin.
28 Mischkowski et al. (2012). Flies on the Wall are Less Aggressive: Self-distancing "in the Heat of the Moment" Reduces Aggressive Thoughts, Angry Feelings and Aggressive Behavior. Journal of Experimental Social Psychology.
29 見備註 2，Gandhi。

給大腦一帖黃龍湯
回歸健康的飢餓感

1 Zhang et al. (2012). Should We Standardize the 1,700-year-old Fecal Microbiota Transplantation? The American Journal of Gastroenterology.
2 Pinel et al. (2018). Biopsychologie 10. Pearson Studium.

3 同上。

4 Wansink et al. (2005). Bottomless Bowls: Why Visual Cues of Portion Size May Influence Intake. Obesity Research.

5 DellaValle et al. (2005). Does the Consumption of Caloric and Non-caloric Beverages with a Meal Affect Energy Intake? Appetite; Maersk et al. (2012). Satiety Scores and Satiety Hormone Response after Sucrose-sweetened Soft Drink Compared with Isocaloric Semi-skimmed Milk and with Non-caloric Soft Drink: a Controlled Trial. European Journal of Clinical Nutrition.

6 Ruddock et al. (2019). A Systematic Review and Meta-analysis of the Social Facilitation of Eating. The American Journal of Clinical Nutrition.

7 Pinel et al. (2000). Hunger, Eating, and Ill Health. American Psychologist.

8 MacCormack & Lindquist. (2019). Feeling Hangry? When Hunger is Conceptualized as Emotion. Emotion.

9 Kullmann et al. (2017). Intranasal Insulin Enhances Brain Functional Connectivity Mediating the Relationship between Adiposity and Subjective Feeling of Hunger. Scientific Reports.

10 以下對荷爾蒙影響皆有概述：Erlanson-Albertsson. (2005). How Palatable Food Disrupts Appetite Regulation. Basic & Clinical Pharmacology & Toxicology; Perry & Wang. (2012). Appetite Regulation and Weight Control: the Role of Gut Hormones. Nutrition & Diabetes.

11 O'Brien et al. (2017). Neurological Consequences of Obesity. The Lancet Neurology.

12 見：Pinel (2018).

13 McDonald's. 2020 年 10 月 27 日檢索自： mcdonalds.com/gb/en-gb/help/faq/18908-do-mcdonalds-burgers-contain-beef-from-lots-of-different-cows.html

14 Karl. (2003). Farbstoffgehalte in Lachsersatzprodukten aus Seelachs und Alaska-Seelachs und Veränderungen bei Lagerung im Kühlschrank. Informationen für die Fischwirtschaft aus der Fischereiforschung.

15 NDR Visite.（2016 年 4 月 12 日）. Fisch: Lachsrote Farbzusätze sind schädlich. NDR. 2020 年 10 月 27 日檢索自： ndr.de/ratgeber/gesundheit/

Fisch-Lachsrote-Farbzusaetze-sind-schaedlich,lachs416.html

16 相關報導：Wachter.（2015 年 8 月 27 日）. Kann dieser Aufstrich ADHS bei Kindern auslösen? Stern. 2021 年 1 月 11 日檢索自：stern.de/genuss/essen/aufregung-bei-facebook-kann-dieser-lachs-brotaufstrich-adhs-ausloesen-6419180.html；同：Kienscherf.（2015 年 9 月 1 日）. Kann ein Fisch-Brotaufstrich ADHS auslösen? Neue Osnabrücker Zeitung.

17 可見：Greenpeace Media.（2019 年 2 月 19 日）. Pink Lady. Warum eine Apfelwerbung sauer aufstößt. 2021 年 1 月 11 日檢索自：greenpeace-magazin.de/nachrichten/pink-lady-warum-eine-apfelwerbung-sauer-aufstoesst

Laryea & Wielandt.（2020 年 10 月 3 日）. Der wahre Preis für den perfekten Apfel. 2020 年 12 月 16 日檢索自：zdf.de/dokumentation/zdfzoom/der-wahre-preis-fuer-den-perfekten-apfel-100.html

18 Becker & Tölle.（2019 年 6 月 11 日）. Äpfel im Test: Pestizidbelastung und Klimabilanz gecheckt. ÖKO-TEST September 2018. 2020 年 12 月 16 日檢索自：oekotest.de/essen-trinken/Aepfel-im-Test-Pestizidbelastung-und-Klimabilanz-gecheckt_111386_1.html#productList

19 FAO. (2011). Global food losses and food waste – Extent, causes and prevention. Rome.

20 Obesity and overwight.（2020 年 4 月 1 日）. 2020 年 12 月 16 日檢索自：who.int/newsroom/fact-sheets/detail/obesity-and-overweight

21 UN Report.（2019 年 7 月 17 日）. World Hunger is Still Not Going Down after Three Years and Obesity is Still Growing. 2020 年 12 月 16 日檢索自：who.int/news-room/detail/15-07-2019-world-hunger-is-still-not-going-down-after-three-years-and-obesity-is-still-growing-un-report

Welthungerhilfe（2020 年 11 月 22 日）. Hunger: Verbreitung, Ursachen & Folgen. 2020 年 12 月 16 日檢索自：welthungerhilfe.de/hunger

22 Statista.（2020 年 10 月 5 日）. Todesfälle aufgrund von Essstörungen in Deutschland nach Diagnose in den Jahren 2016 bis 2018. 2021 年 1 月 11 日檢索自：https://de.statista.com/statistik/daten/studie/497296/umfrage/todesfaelle-durch-essstoerungen-nach-diagnose/

23 Bundeszentrale für gesundheitliche Aufklärung. (2020). Wie häufig sind

Essstörungen? 2020 年 12 月 16 日檢索自：bzga-essstoerungen.de/habe-ich-eine-essstoerung/wie-haeufig-sind-essstoerungen/#c755

24 Wansink & Sobal. (2007). Mindless Eating: The 200 Daily Food Decisions We Overlook. Environment and Behavior.

25 Bakken et al. (2011). Treating Clostridium Difficile Infection with Fecal Microbiota Transplantation. Clinical Gastroenterology and Hepatology.

26 Terveer et al. (2017). How to: Establish and Run a Stool Bank. Clinical Microbiology and Infection; Feltman.（2015 年 1 月 29 日）. You Can Earn $13,000 a Year Selling Your Poop. Washington Post. 2021 年 1 月 11 日檢索自：https://www.washingtonpost.com/news/speaking-of-science/wp/2015/01/29/you-can-earn-13000-a-year-selling-your-poop/。

27 Sender et al. (2016). Revised Estimates for the Number of Human and Bacteria Cells in the Body. PLOS Biology.

28 Cammarota et al. (2014). Fecal Microbiota Transplantation for the Treatment of Clostridium Difficile Infection: a Systematic Review. Journal of Clinical Gastroenterology.

29 Kelly et al. (2016). Transferring the Blues: Depression-associated Gut Microbiota Induces Neurobehavioral Changes in the Rat. Journal of Psychiatric Research; Zheng et al. (2016). Gut Microbiome Remodeling Induces Depressive-like Behaviors Through a Pathway Mediated by the Host's Metabolism. Molecular Psychiatry.

30 Long-Smith et al. (2020). Microbiota-Gut-Brain Axis: New Therapeutic Opportunities. Annual Review of Pharmacology and Toxicology. Dinan & Cryan. (2017). The Microbiome-gut-brain Axis in Health and Disease. Gastroenterology Clinics.

31 Fetissov. (2017). Role of the Gut Microbiota in Host Appetite Control: Bacterial Growth to Animal Feeding Behavior. Nature Reviews Endocrinology.

32 關於果蠅：Leitão-Gonçalves et al. (2017). Commensal Bacteria and Essential Amino Acids Control Food Choice Behavior and Reproduction. PLOS Biology.
關於豬：Yang et al. (2018). Evaluating the Profound Effect of Gut

Microbiome on Host Appetite in Pigs. BMC Microbiology.
33 Alcock et al. (2014). Is Eating Behavior Manipulated by the Gastrointestinal Microbiota? Evolutionary Pressures and Potential Mechanisms. Bioessays.
34 Swartz et al. (2012). Up-regulation of Intestinal Type 1 Taste Receptor 3 and Sodium Glucose Luminal Transporter-1 Expression and Increased Sucrose Intake in Mice Lacking Gut Microbiota. British Journal of Nutrition.
35 van de Wouw et al. (2017). Microbiota-gut-brain Axis: Modulator of Host Metabolism and Appetite. The Journal of Nutrition.
36 Jacka et al. (2017). A Randomised Controlled Trial of Dietary Improvement for Adults with Major Depression (the "SMILES" trial). BMC Medicine.
37 Mosca et al. (2016). Gut Microbiota Diversity and Human Diseases: Should We Reintroduce Key Predators in our Ecosystem? Frontiers in Microbiology; Long-Smith et al. (2020). Microbiota-gut-brain Axis: New Therapeutic Opportunities. Annual Review of Pharmacology and Toxicology.
38 Guarner & Malagelada. (2003). Gut Flora in Health and Disease. The Lancet.
39 Oriach et al. (2016). Food for Thought: The Role of Nutrition in the Microbiota-gut-brain Axis. Clinical Nutrition Experimental.
40 也可參見：Suez et al. (2015). Non-caloric Artificial Sweeteners and the Microbiome: Findings and Challenges. Gut Microbes; Zinöcker & Lindseth. (2018). The Western Diet-Microbiome-Host Interaction and Its Role in Metabolic Disease. Nutrients.
41 Foster et al. (2017). Stress & the Gut-brain axis: Regulation by the Microbiome. Neurobiology of Stress; Moloney et al. (2014). The Microbiome: Stress, Health and Disease. Mammalian Genome.
42 WHO. (2020). Promoting Fruit and Vegetable Consumption Around the World. 2021 年 1 月 11 日檢索自：who.int/dietphysicalactivity/fruit/en/
43 Wansink & Sobal. (2007). Mindless Eating: The 200 Daily Food Decisions We Overlook. Environment and Behavior.

44 Wansink & Wansink. (2010). The Largest Last Supper: Depictions of Food Portions and Plate Size Increased Over the Millennium. International Journal of Obesity.

45 見備註 2。

46 Harris et al. (1933). Appetite and Choice of Diet. The Ability of the Vitamin B Deficient Rat to Discriminate between Diets Containing and Lacking the Vitamin. Proceedings of the Royal Society of London.

47 Wansink et al. (2007). Internal and External Cues of Meal Cessation: the French Paradox Redux? Obesity.

48 Greaves. (2018). Regional Differences in the Mid-Victorian Diet and Their Impact on Health. JRSM Open; Clayton & Rowbotham. (2008). An Unsuitable and Degraded Diet? Part One: Public Health Lessons from the Mid-Victorian Working Class Diet. Journal of the Royal Society of Medicine.

悲心的兩面
來自自我關懷的動力

1 His Holiness the Dalai Lama. (2002). Understanding Our Fundamental Nature. His Holiness the Dalai Lama. Dialogues, part 1: Fundamental Questions. 自：Davidson & Harrington（編）. Visions of Compassion: Western Scientists and Tibetan Buddhists Examine Human Nature. Oxford University Press.

2 Zahn-Waxler et al. (1992). Development of Concern for Others. Developmental Psychology.

3 Neff. (2011). Self-compassion: The Proven Power of Being Kind to Yourself. Harper Collins.

4 Neff. (2003). The Development and Validation of a Scale to Measure Self-compassion. Self and Identity.

5 Neff. (2003). Self-compassion: An Alternative Conceptualization of a Healthy Attitude Toward Oneself. Self and Identity.

6 Hupfeld & Ruffieux. (2011). Validierung einer deutschen Version der Self-Compassion Scale (SCS-D). Zeitschrift für Klinische Psychologie und Psychotherapie.

7 Germer & Neff. (2015). Cultivating Self-compassion in Trauma Survivors. Mindfulness-Oriented Interventions for Trauma: Integrating Contemplative Practices. American Psychological Association.

8 Charmaz. (1980). The Social Construction of Self-pity in the Chronically IL1. Studies in Symbolic Interaction.

9 Stöber. (2003). Self-pity: Exploring the Links to Personality, Control Beliefs, and Anger. Journal of Personality.

10 Kröner-Herwig. (1988). Bewertung der Effizienz von Bewältigungsverhalten am Beispiel der Stressverarbeitungsmaßnahmen aus dem SVF. Zeitschrift für Differentielle und Diagnostische Psychologie.

11 Raes. (2010). Rumination and Worry as Mediators of the Relationship between Self-compassion and Depression and Anxiety. Personality and Individual Differences.

12 Neff et al. (2005). Self-compassion, Achievement Goals, and Coping with Academic Failure. Self and Identity.

13 Brown et al. (2019). Self-compassionate Aging: A Systematic Review. The Gerontologist.

14 Sbarra. (2012). When Leaving Your Ex, Love Yourself: Observational Ratings of Self-compassion Predict the Course of Emotional Recovery Following Marital Separation. Psychological Science.

15 Thompson & Waltz. (2008). Self-compassion and PTSD Symptom Severity. Journal of Traumatic Stress: Official Publication of The International Society for Traumatic Stress Studies; Tanaka et al. (2011). The Linkages Among Childhood Maltreatment, Adolescent Mental Health, and Self-compassion in Child Welfare Adolescents. Child Abuse & Neglect; Vettese et al. (2011). Does Self-compassion Mitigate the Association between Childhood Maltreatment and Later Emotion Regulation Difficulties? A Preliminary Investigation. International Journal of Mental Health and Addiction.

16 Barnard & Curry. (2011). Self-compassion: Conceptualizations, Correlates, & Interventions. Review of General Psychology.
關於壓力：Chishima et al. (2018). The Influence of Self-compassion on Cognitive Appraisals and Coping with Stressful events. Mindfulness.
關於糖尿病：Friis et al. (2015). Does Kindness Matter? Diabetes, Depression, and Self-compassion: a Selective Review and Research Agenda. Diabetes Spectrum.
關於慢性病痛：Costa & Pinto-Gouveia. (2011). Acceptance of Pain, Self-compassion and Psychopathology: Using the Chronic Pain Acceptance Questionnaire to Identify Patients' Subgroups. Clinical Psychology & Psychotherapy; Costa & Pinto-Gouveia. (2013). Experiential Avoidance and Self-compassion in Chronic Pain. Journal of Applied Social Psychology; Barnes et al. (2018). Exploring the Emotional Experiences of Young Women with Chronic Pain: The Potential Role of Self-compassion. Journal of Health Psychology.
關於重症診斷：Brion et al. (2014). Self-compassion and Reactions to Serious Illness: The Case of HIV. Journal of Health Psychology.
關於暴飲暴食：Kelly & Carter. (2015). Self-compassion Training for Binge Eating Disorder: A pilot Randomized Controlled Trial. Psychology and Psychotherapy: Theory, Research and Practice.
17 Neff. (2020). The Motivational Power of Self-Compassion. 2020 年 7 月 15 日檢索自：self-compassion.org/the-motivational-power-of-self-compassion/
18 Zuroff et al. (2005). Dependency, Self-criticism, and Maladjustment. 自：Blatt et al.（編）. Relatedness, Self-definition, and Mental Representation: Essays in Honor of Sidney J. Blatt. Routledge.
19 Whelton & Greenberg. (2005). Emotion in Self-criticism. Personality and Individual Differences.
20 Breines & Chen. (2012). Self-compassion Increases Self-improvement Motivation. Personality and Social Psychology Bulletin.
21 關於吸菸：Terry & Leary. (2011). Self-compassion, Self-regulation, and Health. Self and Identity.

關於減肥：Mantzios & Egan. (2017). On the Role of Self-compassion and Self-kindness in Weight Regulation and Health Behavior Change. Frontiers in Psychology.

22 Moffitt et al. (2018). Comparing the Efficacy of a Brief Self-esteem and Self-compassion Intervention for State Body Dissatisfaction and Self-improvement Motivation. Body Image.

23 Zessin et al. (2015). The Relationship between Self-compassion and Well-being: A Meta-analysis. Applied Psychology: Health and Well-Being; MacBeth & Gumley. (2012). Exploring Compassion: A Meta-analysis of the Association between Self-compassion and Psychopathology. Clinical Psychology Review; Sirois et al. (2015). Self-compassion, Affect, and Health-promoting Behaviors. Health Psychology; Ferrari et al. (2019). Self-compassion Interventions and Psychosocial Outcomes: A Meta-analysis of RCTs. Mindfulness.

不合身的馬甲
哀悼的許多方式

1 娜妍的故事被許多新聞媒體披露。可參見：Park（2020 年 2 月 14 日）. South Korean mother given tearful VR reunion with deceased daughter. Reuters. 2021 年 1 月 11 日檢索自：reuters.com/article/us-southkorea-virtualreality-reunion/south-korean-mother-given-tearful-vr-reunion-with-deceased-daughter-idUSKN2081D6

可參考描述的片段：MBC Life（2020 年 2 月 6 日）. YouTube. 2021 年 1 月 11 日檢索自：youtube.com/watch?v=uflTK8c4w0c

2 Roser et al. (2019). Child and Infant Mortality. Our World in Data. 2021 年 1 月 11 日檢索自：ourworldindata.org/child-mortality#child-mortality-from-the-parents-perspective

3 Pomeroy et al. (2020). New Neanderthal Remains Associated with the "Flower Burial" at Shanidar Cave. Antiquity.

4 關於埃及的木乃伊製作：Abdel-Maksoud & El-Amin. (2011). A Review

on the Materials Used During the Mummification Processes in Ancient Egypt. Mediterranean Archaeology & Archaeometry.
關於馬雅：Mark.（2009 年 9 月 2 日）. Burial. Anient History Encyclopedia. 2021 年 1 月 11 日檢索自：ancient.eu/burial/

5 St. Benno Verlag. (2021). Kondolenz und Zuspruch im Trauerfall. Vivat! Christliche Bücher & Geschenke. 2021 年 1 月 11 日檢索自：cms.vivat.de/themenwelten/lebenskreis/tod-trauer-begraebnis/traditionen-und-braeuche-rund-um-tod-und-trauer.html

6 Roser et al. (2019). Life Expectancy. Our World in Data. 2021 年 1 月 11 日檢索自：ourworldindata.org/life-expectancy#twice-as-long-life-expectancy-around-the-world
關於幼童死亡率：Roser et al. (2019). Child and Infant Mortality. Our World in Data. 2021 年 1 月 11 日檢索自：ourworldindata.org/child-mortality#:~:text=Global%20child%20mortality%20since%201800,child%20mortality%20in%20these%20countries

7 McCracken & Grossman.（2013 年 9 月 30 日）. Google vs. Death. Time. 2020 年 12 月 16 日檢索自：content.time.com/time/magazine/article/0,9171,2152422,00.html

8 Statista.（2019 年 7 月 23 日）. Umfrage zur Notwendigkeit von einem bestimmten Ort für Trauer und Gedenken 2017. 2021 年 1 月 14 日檢索自：statista.com/statistik/daten/studie/281764/umfrage/umfrage-zur-notwendigkeit-von-einem-bestimmten-ort-fuer-trauer-und-gedenken/

9 Freud. (1917). Trauer und Melancholie. Erstdruck in: Internationale Zeitschrift für Ärztliche Psychoanalyse.

10 Kübler-Ross. (1973). On Death and Dying. Routledge.

11 Lindemann. (1944). Symptomatology and Management of Acute Grief. American Journal of Psychiatry.

12 Shapiro. (1996). Grief in Freud's Life: Reconceptualizing Bereavement in Psychoanalytic Theory. Psychoanalytic Psychology; Hall. (2011). Beyond Kubler-Ross: Recent Developments in our Understanding of Grief and Bereavement. Psych: The Bulletin of the Australian Psychological Society Ltd.

13 Kübler-Ross & Kessler. (2004). On Grief and Grieving: Finding the Meaning of Grief Through the Five Stages of Loss. Simon and Schuster.
14 Bonanno. (2019). The Other Side of Sadness: What the New Science of Bereavement Tells Us About Life After Loss. Hachette UK.
15 Stroebe & Schut. (1999). The Dual Process Model of Coping With Bereavement: Rationale and Description. Death Studies; Stroebe & Schut. (2010). The Dual Process Model of Coping With Bereavement: A Decade On. OMEGA-Journal of Death and Dying.
16 參見下述研究對悲傷含義作的描述：Bonanno (2019), Bonanno (2004).
17 圖改編自：Stroebe & Schut (1999).
18 Bonanno. (2004). Loss, Trauma, and Human Resilience: Have We Underestimated the Human Capacity to Thrive After Extremely Aversive Events?. American Psychologist.
19 同上。
20 Bonanno et al. (2011).
21 Lundorff et al. (2017). Prevalence of Prolonged Grief Disorder in Adult Bereavement: A Systematic Review and Meta-Analysis. Journal of Affective Disorders.
22 Killikelly & Maercker. (2017). Prolonged Grief Disorder for ICD-11: The Primacy of Clinical Utility and International Applicability. European Journal of Psychotraumatology.
23 Wittouck et al. (2011). The Prevention and Treatment of Complicated Grief: A Meta-Analysis. Clinical Psychology Review.
24 Jordan & Neimeyer. (2003). Does Grief Counseling Work? Death Studies. 提供了對現有元分析的概述和討論。
Bonanno & Lilienfeld. (2008). Let's be realistic: When Grief Cunseling Is Effective And When It's Not. Professional Psychology: Research and Practice.
25 Neimeyer. (2000). Searching for the Meaning of Meaning: Grief Therapy and the Process of Reconstruction. Death Studies.
26 Davies. (2004). New Understandings of Parental Grief: Literature Review. Journal of Advanced Nursing.

27 Klass et al. (1996). Series in Death Education, Aging, and Health Care. Continuing Bonds: New Understandings of Grief. Taylor & Francis.
28 Peart. (2002). Ghost Rider: Travels on the Healing Road. ECW Press.

斷裂的線

耐心這個舊美德的新光彩

1 Deutsche Presseagentur.（2019 年 4 月 20 日）. Warten im Restaurant: Mehrheit nach 30 Minuten ungeduldig. Süddeutsche Zeitung. 2020 年 6 月 18 日檢索自：sueddeutsche.de/leben/essen-trinken-warten-im-restaurant-mehrheit-nach-30-minuten-ungeduldig-dpa.urn-newsml-dpa-com-20090101-190420-99-895686
2 Forsa-Umfrage im Auftrag von RaboDirect.（2016 年 12 月 6 日）. So ungeduldig sind die Deutschen. 2020 年 6 月 18 日檢索自：rabodirect.de/ueber-uns/neuigkeiten/2016/forsa-so-ungeduldig-sind-die-deutschen
3 Statista.（2009 年 10 月 29 日）. Sind Sie im Allgemeinen ein Mensch, der ungeduldig ist, oder der immer sehr viel Geduld aufbringt? 2021 年 1 月 14 日檢索自：statista.com/statistik/daten/studie/179804/umfrage/selbsteinschaetzung---geduld-als-persoenliche-eigen-schaft/
4 Mischel et al. (1989). Delay of Gratification in Children. Science; Shoda et al. (1990). Predicting Adolescent Cognitive and Self-Regulatory Competencies from Preschool Delay of Gratification: Identifying Diagnostic Conditions. Developmental Psychology.
5 Watts et al. (2018). Revisiting the Marshmallow Test: A Conceptual Replication Investigating Links Between Early Delay of Gratification and Later Outcomes. Psychological Science.
還要注意這篇：Falk et al. (2019). Re-Revisiting the Marshmallow Test: A Direct Comparison of Studies by Shoda, Mischel, and Peake (1990) and Watts, Duncan, and Quan (2018). Psychological Science.
6 Kidd et al. (2013). Rational Snacking: Young Children's Decision-Making

On the Marshmallow Task Is Moderated By Beliefs About Environmental Reliability. Cognition.

7 Lamm et al. (2018). Waiting for the Second Treat: Developing Culture-Specific Modes of Self-Regulation. Child Development.

8 Comer & Sekerka. (2014). Taking Time for Patience in Organizations. The Journal of Management Development.

9 First Prime Air Delivery（2016 年 12 月 7 日）. Amazon. Amazon Prime Air. 2020 年 6 月 18 日檢索自：amazon.com/Amazon-Prime-Air/b?ie=UTF8&node=8037720011

10 Netflix.（2017 年 10 月 17 日）. Ready, Set, Binge: More Than 8 Million Viewers "Binge Race" Their Favorite Series. 2020 年 6 月 18 日檢索自：media.netflix.com/en/press-releases/ready-set-binge-more-than-8-million-viewers-binge-race-their-favorite-series

11 Google.（2018 年 7 月）. The Impatient Consumer: Making Decisions Faster Than Ever. 2020 年 6 月 18 日檢索自：thinkwithgoogle.com/consumer-insights/managingconsumerdemands/
Google.（2017 年 8 月）. Micro-Moments Now: Why Expectations for "Right Now" Are On the Rise. 2020 年 6 月 18 日檢索自：thinkwithgoogle.com/intl/en-aunz/marketing-resources/micro-moments/consumer-immediate-need-mobile-experiences/

12 Google.（2015 年 9 月）. Speed is Key: Optimize Your Mobile Experience. 2020 年 6 月 18 日檢索自：thinkwithgoogle.com/marketing-resources/experience-design/speed-is-key-optimize-your-mobile-experience/

13 Faception. Our Technology. 2020 年 6 月 18 日檢索自：faception.com/ourtechnology

14 Bundeszentrale für politische Bildung（2017 年 4 月 7 日）. Predictive Policing: Dem Verbrechen der Zukunft auf der Spur. 2020 年 6 月 18 日檢索自：bpb.de/dialog/netzdebatte/238995/predictive-policing-dem-verbrechen-der-zukunft-auf-der-spur
Human Rights Watch.（2018 年 2 月 26 日）. China: Big Data Fuels Crackdown in Minority Region. 2020 年 6 月 18 日檢索自：hrw.org/news/2018/02/26/china-big-data-fuels-crackdown-minority-region

15 Pressestelle DAK-Gesundheit.（2017 年 9 月 1 日）. Fast jeder zweite Schüler leidet unter Stress. 2020 年 6 月 18 日檢索自：dak.de/dak/bundesthemen/fast-jeder-zweite-schueler-leidet-unter-stress-2116176.html
Grobe et al. (2018). Arztreport 2018. Schriftenreihe zur Gesundheitsanalyse. 2020 年 6 月 18 日檢索自：barmer.de/blob/144368/08f7b513fdb6f06703c6e9765ee9375f/data/dl-barmer-arztreport-2018.pdf
16 Moffitt et al. (2011). A Gradient of Childhood Self-Control Predicts Health, Wealth, and Public Safety. Proceedings of the National Academy of Sciences. Eine Zusammenfassung liefert: Association For Psychological Science.（2015 年 5 月 1 日）. The Lasting Power of Patience. 2020 年 6 月 18 日檢索自：psychologicalscience.org/observer/the-lifetime-effects-of-self-control-in-childhood
17 ÄrzteZeitung. Stressige Arbeit. Jeder Zweite fühlt sich von Burn-out bedroht. 2020 年 5 月 16 日檢索自：aerztezeitung.de/Medizin/Jeder-Zweite-fuehlt-sich-von-Burn-out-bedroht-227048.html
18 Curry et al. (2008). Patience is a Virtue: Cooperative People Have Lower Discount Rates. Personality and Individual Differences; Schnitker & Emmons. (2007). Patience as a Virtue: Religious and Psychological Perspectives. Research in the Social Scientific Study of Religion; Schnitker. (2012). An Examination of Patience and Well-Being. The Journal of Positive Psychology.
19 同上，Schnitker (2012)。
20 Ersner-Hershfield et al. (2009). Saving for the Future Self: Neural Measures of Future Self-Continuity Predict Temporal Discounting. Social Cognitive and Affective Neuroscience.
21 Hershfield & Bartels. (2018). The Future Self. 自：Oettingen et al.（編）. The Psychology of Thinking about the Future. The Guilford Press.
22 Hershfield et al. (2011). Increasing Saving Behavior Through Age-Progressed Renderings of the Future Self. Journal of Marketing Research.
23 Bundesministerium für Bildung und Forschung.（2020 年 3 月 18 日）. Corona-Quarantäne kann Angstzustände auslösen. 2020 年 6 月

18 日檢索自：bmbf.de/de/corona-quarantaene-kann-angstzustaende-ausloesen-11142.html

24 de Quervain et al. (2020). The Swiss Corona Stress Study. 2020 年 6 月 18 日檢索自：osf.io/jqw6a/download?format=pdf
Holmes et al. (2020). Multidisciplinary Research Priorities for the COVID-19 Pandemic: A Call for Action for Mental Health Science. The Lancet Psychiatry.

25 ADAC.（2019 年 5 月 31 日）. Richtiges Verhalten im Stau. 2020 年 7 月 6 日檢索自：adac.de/verkehr/recht/verkehrsvorschriften-deutschland/stau/
Keitz.（2016 年 9 月 8 日）. Die Kleine Anfrage: Lohnt es sich, im Stau die Spur zu wechseln? WDR. 2020 年 7 月 6 日檢索自：https://www1.wdr.de/wissen/mensch/die-kleine-anfrage-bringt-es-was-die-spur-zu-wechseln100.html

26 Bar-Eli et al. (2007). Action Bias Among Elite Soccer Goalkeepers: The Case of Penalty Kicks. Journal of Economic Psychology.

27 Chodak & Warren. (2006). Watchful Waiting for Prostate Cancer: A Review Article. Prostate Cancer and Prostatic Diseases.

熱情地燃燒殆盡
關於我們對熱情的危險探索

1 Jobs.（2005 年 6 月 14 日）. "You've got to find what you love" , Jobs says. 2021 年 1 月 14 日檢索自：news.stanford.edu/2005/06/14/jobs-061505/

2 Newport. (2016). So Good They Can't Ignore You. Hachette UK (insbes. Kapitel 1: "The Passion of Steve Jobs"). 作者在書中討論了將熱情作為人生格言的趨勢 .

3 Yau. (2007). How the Average Working Adult Spends Days. 2021 年 1 月 14 日檢索自：flowingdata.com/2017/05/09/adulthood-days/

4 Chen et al. (2015). Finding A Fit Or Developing It: Implicit Theories About Achieving Passion for Work. Personality and Social Psychology Bulletin.

5 O'Keefe et al. (2018). Implicit Theories of Interest: Finding Your Passion Or Developing It? Psychological science.
6 Hidi & Renninger. (2006). The Four-Phase Model of Interest Development. Educational Psychologist.
7 O'Keefe (2018).
8 Gladwell. (2009). Überflieger: Warum manche Menschen erfolgreich sind – und andere nicht. Campus Verlag.
9 Ericsson et al. (1993). The Role of Deliberate Practice in the Acquisition of Expert Performance. Psychological Review.
10 Ericsson & Pool. (2016). Peak: Secrets from the New Science of Expertise. Houghton Mifflin Harcourt. 作者在書中批評了葛拉威爾過於簡化的描述。另外也在：Ericsson & Pool.（2016 年 4 月 10 日）. Malcolm Gladwell got us wrong: Our research was key to the 10,000-hour rule, but here's what got oversimplified: salon.com/2016/04/10/malcolm_gladwell_got_us_wrong_our_research_was_key_to_the_10000_hour_rule_but_heres_what_got_oversimplified/
11 Macnamara et al. (2014). Deliberate Practice and Performance in Music, Games, Sports, Education, and Professions: A Meta-Analysis. Psychological Science.
12 Ericsson et al. (1994). Expert Performance: Its Structure and Acquisition. American Psychologist.
13 Duckworth & Duckworth. (2016). Grit: The Power of Passion and Perseverance. Scribner.
14 Duckworth et al. (2007). Grit: Perseverance and Passion for Long-Term Goals. Journal of Personality and Social Psychology.
15 Vallerand. (2010). On Passion for Life Activities: The Dualistic Model of Passion. Advances in Experimental Social Psychology. Academic Press.
16 Harackiewicz et al. (2008). The Role of Achievement Goals in the Development of Interest: Reciprocal Relations Between Achievement Goals, Interest, and Performance. Journal of Educational Psychology.
17 Bruner. (1962). On Knowing: Essays for the Left Hand. Harvard University Press.

18 Vallerand et al. (2003). Les Passions de l'ame: On Obsessive and Harmonious Passion. Journal of Personality and Social Psychology.
19 Vallerand. (2015). The Psychology of Passion: A Dualistic Model. Series in Positive Psychology.
20 Statista.（2016 年 10 月 12 日）. Umfrage zum Spaß an der Arbeit in Deutschland 2013 und 2016. 2021 年 1 月 14 日檢索自：de.statista.com/statistik/daten/studie/646278/umfrage/umfrage-zum-spass-an-der-arbeit-in-deutschland/
21 Ärzteblatt.（2019 年 4 月 9 日）. Jeder Zweite fühlt sich von Burnout bedroht. 2021 年 1 月 14 日檢索自：aerzteblatt.de/nachrichten/92312/Jeder-Zweite-fuehlt-sich-von-Burn-out-bedroht
22 Statista.（2019 年 11 月 29 日）. Statistik zu Burnout-Erkrankungen in Deutschland. 2021 年 1 月 14 日檢索自：de.statista.com/statistik/daten/studie/239872/umfrage/arbeitsunfaehigkeitsfaelle-aufgrund-von-burn-out-erkrankungen/
23 Vallerand. (2010).
24 Vallerand. (2003).
25 Vallerand. (2017). On the Two Faces of Passion: The Harmonious and the Obsessive. 自：O'Keefe & Harackiewicz.（編）. The Science of Interest. Springer International Publishing, Curran et al. (2015). The Psychology of Passion: A Meta-Analytical Review of a Decade of Research on Intrapersonal Outcomes. Motivation and Emotion.
26 圖改編自：Vallerand et al. (2007). On the Role of Passion in Performance. Journal of Personality, 75 (3), 505 – 534.
27 Vallerand et al. (2010). On the Role of Passion for Work in Burnout: A Process Model. Journal of Personality.
28 Vallerand. (2012). The Role of Passion in Sustainable Psychological Well-Being. Psychology of Well-Being: Theory, Research and Practice; Vallerand (2017).
29 Change Life.（2015 年 6 月 1 日）. It's What You Can Contribute. YouTube. 2021 年 1 月 14 日檢索自：youtube.com/watch?v=WRYRBGX4lVM
30 Newport.（2015 年 2 月 24 日）. A Steve Jobs Quote Perfectly Sums Up

Why Passion Isn't Enough for Career Success. Business Insider. 2020 年 12 月 16 日檢索自：businessinsider.com/follow-your-passion-is-bad-advice-2015-2?r=DE&IR=T

第八階就滿足了
滿足而不是追逐幸福

1 Olds & Milner. (1954). Positive Reinforcement Produced by Electrical Stimulation of Septal Area and Other Regions of Rat Brain. Journal of Comparative and Physiological Psychology; Olds. (1956). Pleasure Centers in the Brain. Scientific American.

2 Portenoy et al. (1986). Compulsive Thalamic Self-Stimulation: A Case With Metabolic, Electrophysiologic and Behavioral Correlates. Pain.

3 Synofzik et al. (2012). How Happy is Too Happy? Euphoria, Neuroethics, and Deep Brain Stimulation of the Nucleus Accumbens. AJOB Neuroscience.

4 Mayberg et al. (2005). Deep Brain Stimulation for Treatment-Resistant Depression. Neuron.

5 Kesebir. (2018). Scientific Answers to the Timeless Philosophical Question of Happiness. 自：Diener et al.（編）. Handbook of Well-Being. DEF Publishers.

6 Anselme & Robinson. (2013). What Motivates Gambling Behavior? Insight Into Dopamine's Role. Frontiers in Behavioral Neuroscience.

7 有生動描述：Sapolsky. (2017). Behave: The Biology of Humans at Our Best and Worst. Penguin Press. 原始來源：Fiorillo et al. (2003). Discrete coding of reward probability and uncertainty by dopamine neurons. Science.

8 圖改編自：Sapolsky. (2014). 2021 年 1 月 20 日檢索自：https://www.youtube.com/watch?v=ZIRZu1dRp8Q

9 Layous. (2018). Malleability and Intentional Activities. 自：Diener et al.，見備註 5。

10 Mauss et al. (2012). The Pursuit of Happiness Can be Lonely. Emotion.
11 Mauss et al. (2011). Can Seeking Happiness Make People Unhappy? Paradoxical Effects of Valuing Happiness. Emotion.
12 Kim & Maglio. (2018). Vanishing Time in the Pursuit of Happiness. Psychonomic Bulletin & Review.
13 Ford et al. (2014). Desperately Seeking Happiness: Valuing Happiness is Associated With Symptoms and Diagnosis of Depression. Journal of Social and Clinical Psychology; Ford et al. (2015). Valuing Happiness is Associated With Bipolar Disorder. Emotion.
14 Gentzler et al. (2019). Valuing Happiness in Youth: Associations With Depressive Symptoms and Well-Being. Journal of Applied Developmental Psychology.
15 Layous. (2018). Malleability and Intentional Activities. 自：Diener et al.
16 Gruber et al. (2011). A Dark Side of Happiness? How, When, and Why Happiness is Not Always Good. Perspectives on Psychological Science.
17 Lyubomirsky et al. (2005). The Benefits of Frequent Positive Affect: Does Happiness Lead to Success? Psychological Bulletin; Tov. (2018). Well-Being Concepts and Components. 自：Diener et al.
18 Lucas. (2018). Reevaluating the Strengths and Weaknesses of Self-Report Measures of Subjective Well-Being. 自：Diener et al.
19 Robinson & Klein. (2018). What do Subjective Well-Being Judgments Mean? Sources and Distinctions, Processes and Mechanisms. 自：Diener et al. 見備註 5。
20 Martela et al.（2020 年 3 月 20 日）第 7 章：The Nordic Exceptionalism: What Explains Why the Nordic Countries are Constantly Among the Happiest in the World. World Happiness Report.
21 Max Frisch 在他的著作有以下的描述：「技工成了白人傳教士的末代版，工業化是瀕臨滅絕種族的最後福音，而民生水準則成了生命意義的替代品。」Frisch. (1957). Homo Faber. Suhrkamp.
22 Diener & Seligman. (2002). Very Happy People. Psychological Science.
23 Luhmann & Intelisano. (2018). Hedonic Adaptation and the Set Point for Subjective Well-Being. 自：Diener et al. 見備註 5。

24 Layous. (2018).
25 Lyubomirsky et al. (2005). Pursuing Happiness: The Architecture of Sustainable Change. Review of General Psychology.
26 Killingsworth & Gilbert. (2010). A Wandering Mind is an Unhappy Mind. Science.
27 同上。
28 Brosnan & De Waal. (2003). Monkeys Reject Unequal Pay. Nature.
29 可以在此測試影片中非常清楚地看到（大約從第 13 分鐘開始）：ted.com/talks/frans_de_waal_moral_behavior_in_animals?language=de
30 Gerber et al. (2018). A Social Comparison Theory Meta-Analysis 60+ Years On. Psychological Bulletin.
31 Callan et al. (2015). Age Differences in Social Comparison Tendency and Personal Relative Deprivation. Personality and Individual Differences.
32 Aurel. (2019). Selbstbetrachtungen. Reclam.
33 Boers et al. (2019). Association of Screen Time and Depression in Adolescence. JAMA pediatrics.
34 Safi（2018 年 6 月 26 日）. Goa Brings in "No-Selfie Zones" on Coast After Spate of Deaths. The Guardian. 2021 年 1 月 14 日檢索自：theguardian.com/world/2018/jun/26/goa-india-no-selfie-zones-coast-deaths
35 Barasch et al. (2018). How the Intention to Share can Undermine Enjoyment: Photo-Taking Goals and Evaluation of Experiences. Journal of Consumer Research.
36 Hamilton.（2018 年 7 月 4 日）. Silicon Valley Insiders Say Facebook, Snapchat, and Twitter Are Using "Behavioral Cocaine" to Turn People Into Addicts. Business Insider. 2021 年 1 月 14 日檢索自：businessinsider.com/silicon-valley-insiders-tell-bbc-how-tech-firms-turn-users-into-addicts-2018-7?r=DE&IR=T
37 Ozimek et al. (2020). How We Use Facebook to Achieve Our Goals: A Priming Study Regarding Emotion Regulation, Social Comparison Orientation, and Unaccomplished Goals. Current Psychology.
38 Brailovskaia et al. (2020), Less Facebook Use – More Well-Being and a Healthier Lifestyle? An Experimental Intervention Study. Computers in

Human Behavior.
39 Diener et al. (2009). Happiness is the Frequency, Not the Intensity, of Positive Versus Negative Affect. 自：Assessing Well-Being. Springer, Dordrecht.
40 Dunn & Norton. (2014). Happy Money: The Science of Happier Spending. Simon and Schuster.
41 Gilovich et al. (2015). A Wonderful Life: Experiential Consumption and the Pursuit of Happiness. Journal of Consumer Psychology; Lee et al. (2018). Experiential or Material Purchases? Social Class Determines Purchase Happiness. Psychological Science.
42 Whillans et al. (2017). Buying Time Promotes Happiness. Proceedings of the National Academy of Sciences.
43 Mogilner et al. (2018). Time, Money, and Subjective Well-Being. 自：Diener et al.（編）. Handbook of Well-Being. Noba Scholar Handbook Series: Subjective Well-Being. DEF Publishers.
44 Dunn et al. (2008). Spending Money on Others Promotes Happiness. Science.
45 同上。
46 Feinberg et al. (2012). Flustered and Faithful: Embarrassment as a Signal of Prosociality. Journal of Personality and Social Psychology.
47 Barnett et al. (1982). Effect of Inducing Sadness About Self or Other on Helping Behavior in High-and Low-Empathic Children. Child Development; Yee & Greenberg. (1998). Reactions to Crime Victims: Effects of Victims' Emotional State and Type of Relationship. Journal of Social and Clinical Psychology.
48 Henniger & Harris. (2014). Can Negative Social Emotions Have Positive Consequences? An Examination of Embarrassment, Shame, Guilt, Jealousy, and Envy. 自：Parrott（編）. The Positive Side of Negative Emotions. The Guilford Press.
49 Anwar.（2017 年 8 月 10 日）. Feeling Bad About Feeling Bad Can Make You Feel Worse. Media Relations. 2020 年 12 月 16 日檢索自：news.berkeley.edu/2017/08/10/emotionalacceptance/

50 Tamir et al. (2017). The Secret to Happiness: Feeling Good or Feeling Right? Journal of Experimental Psychology: General.

51 Brooks.（2020 年 6 月 18 日）. How to Build A Life. Sit With Negative Emotions, Don't Push Them Away. The Atlantic. 2021 年 1 月 14 日檢索自：theatlantic.com/family/archive/2020/06/dont-push-away-your-negative-emotions/613180/

52 Mogilner et al. (2018).

53 Bhattacharjee & Mogilner. (2014). Happiness from Ordinary and Extraordinary Experiences. Journal of Consumer Research.

54 Layous et al. (2018). Reframing the Ordinary: Imagining Time as Scarce Increases Well-Being. The Journal of Positive Psychology.

55 Diener et al. (2018). Advances and Open Questions in the Science of Subjective Well-Being. Collabra. Psychology; Oishi et al. (2009), The Optimum Level of Well-Being: Can People be Too Happy?. 自：Diener. (2009). The Science of Well-Being: The Collected Works of Ed Diener. Springer, Dordrecht.

56 Diener & Biswas-Diener. (2011). Happiness: Unlocking the Mysteries of Psychological Wealth. John Wiley & Sons.

57 Pelechano et al. (2013). Is it Possible to be Too Happy? Happiness, Personality, and Psychopathology. International Journal of Clinical and Health Psychology.

好好去感受

別對情緒視而不見！更有意識地理解自己的感覺，找回內心真正的平靜

Besser fühlen: Eine Reise zur Gelassenheit

作　　者　里昂·溫德沙依德
譯　　者　彭菲菲
主　　編　鄭悅君
特約編輯　聞若婷
封面設計　小美事設計侍物
內頁排版　張哲榮

發 行 人　王榮文
出版發行　遠流出版事業股份有限公司
地址：臺北市中山區中山北路一段11號13樓
客服電話：02-2571-0297
傳真：02-2571-0197
郵撥：0189456-1
著作權顧問　蕭雄淋律師

初版一刷　2023年10月1日
定　　價　新台幣380元（如有缺頁或破損，請寄回更換）

ISBN　978-626-361-137-5
遠流博識網　www.ylib.com
遠流粉絲團　www.facebook.com/ylibfans
客服信箱　ylib@ylib.com

Original Title: Besser fühlen
Eine Reise zur Gelassenheit
by Leon Windscheid

國家圖書館出版品預行編目（CIP）資料

好好去感受：別對情緒視而不見！更有意識地理解自己的感覺，找回內心真正的平靜 /里昂．溫德沙依德著；彭菲菲譯.
-- 初版 -- 臺北市：遠流出版事業股份有限公司, 2023.10
288 面；14.8 × 21 公分
譯自：Besser fühlen : Eine Reise zur Gelassenheit
ISBN 978-626-361-137-5（平裝）

1.CST: 情感 2.CST: 情緒管理

176.52 112008313